초등 공부 시작부터 끝까지!

초끝

맞춤법 + 어휘 + 독해

2 단계

초등 1~2학년

초끝

2단계 | 초등 1~2학년

맞춤법 + 어휘 + 독해

발행일	2023년 12월 1일
펴낸곳	메가스터디(주)
펴낸이	손은진
개발 책임	김문주
개발	양수진, 최성아
글	메가스터디 초등국어교육 연구소, 윤선아
그림	장현아
표지 디자인	스튜디오 에딩크
본문 디자인	이정숙, 주희연
마케팅	엄재욱, 김상민
제작	이성재, 장병미
주소	서울시 서초구 효령로 304(서초동) 국제전자센터 24층
대표전화	1661-5431 (내용 문의 02-6984-6928,31 / 구입 문의 02-6984-6868,9)
홈페이지	http://www.megastudybooks.com
출판사 신고 번호	제 2015-000159호
출간제안/원고투고	writer@megastudy.net

메가스터디BOOKS

'메가스터디북스'는 메가스터디㈜의 출판 전문 브랜드입니다.

유아/초등 학습서, 중고등 수능/내신 참고서는 물론, 지식, 교양, 인문 분야에서 다양한 도서를 출간하고 있습니다.

왜?

초등학교 1~2학년
기초 문해력이 중요할까요?

초등 저학년인 우리 아이에게 딱 맞는 문해력 학습서는 어떤 것일까요?
한글을 뗀 지 몇 년이 안 된 아이들에게
긴 지문 독해와 어려운 어휘 학습, 장문 쓰기를 요구하는 문해력 학습서, 과연 괜찮을까요?

문해력 학습의 베스트셀러 <한 문장 정리의 힘>을 만든 메가스터디북스에서
초등학교 1~2학년을 위한 촘촘한 문해력 학습을 제안합니다.
문해력 학습도 다른 학습 영역처럼 학습자의 단계별 특성을 꼼꼼하게 고려해야 합니다.
초등학교 1~2학년은 문해력을 발달시킬 수 있는 결정적 시기입니다.
그래서 메가스터디북스는 흔히 말하는 문해력이 아닌 '기초 문해력'에 주목합니다.

기초 문해력은 짧은 글을 읽고 자신의 생각을 문장으로 쓸 수 있는 능력으로,
읽기와 쓰기의 기능을 분절적으로 학습할 때보다 균형적·통합적으로 학습해야 학습 효과가 높아집니다.
기초 문해력을 꼼꼼히 다져야 모든 학습에 절대적인 영향을 미치는 문해력을 완성할 수 있습니다.
<초끝 맞춤법+어휘+독해>는 초등학교 1~2학년 때 반드시 알아야 하는 맞춤법과 함께
문해력의 핵심인 읽기와 쓰기를 통합적으로 다룹니다.
<초끝 맞춤법+어휘+독해>로 기초 문해력을 완성하세요!

이 책의 **구성**

독해 전 학습 단계

지문에 호기심을 가질 수 있도록 지문의 내용을 그림으로 미리 접하고 핵심 어휘와 문장을 학습합니다. 이러한 과정을 통해 자연스럽게 맞춤법과 띄어쓰기를 배우고 지문과 관련된 어휘와 문장을 파악하면서, 독해력 학습에 필요한 배경 지식을 쌓고 독해력 학습을 준비합니다.

STEP ① 미리 보기

미리 보기에서는 **독해력 학습**의 지문 내용을 그림으로 미리 살펴보며 **오늘의 맞춤법** 학습 내용을 확인합니다.

STEP ② 띄어쓰기 학습

띄어쓰기 학습에서는 문장 속 띄어쓰기와 문장의 올바른 순서를 자연스럽게 익힙니다.

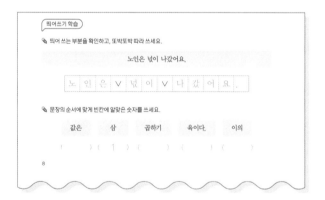

STEP ③ 맞춤법·어휘 학습

맞춤법·어휘 학습에서는 **오늘의 맞춤법** 학습 내용을 O표 하기, 빈칸 완성하기, 따라 쓰기 등의 문제로 확인합니다.

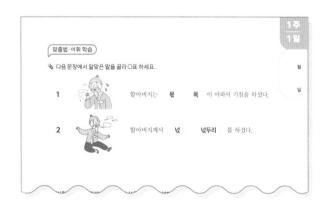

독해력 학습 단계

독해 전 학습 단계에서 학습한 어휘와 문장에 대한 이해를 바탕으로, 미리 보기의 그림과 동일한 그림을 다시 한 번 보면서 지문의 내용을 꼼꼼하게 파악합니다. 그리고 체계적으로 구성된 7가지 유형의 독해 문제를 풀면서 문해력의 기초를 단단하게 다집니다.

STEP 4   독해력 학습

독해력 학습에서는 먼저, 지문을 천천히 눈으로 읽어 봅니다. QR 코드를 활용하여 지문을 들어 보거나 지문을 소리 내어 읽어 보아도 좋습니다. 지문을 읽고, 표기와 발음의 관계를 이해하는 문제, 다양한 유형의 독해 문제를 풀어 봅니다.

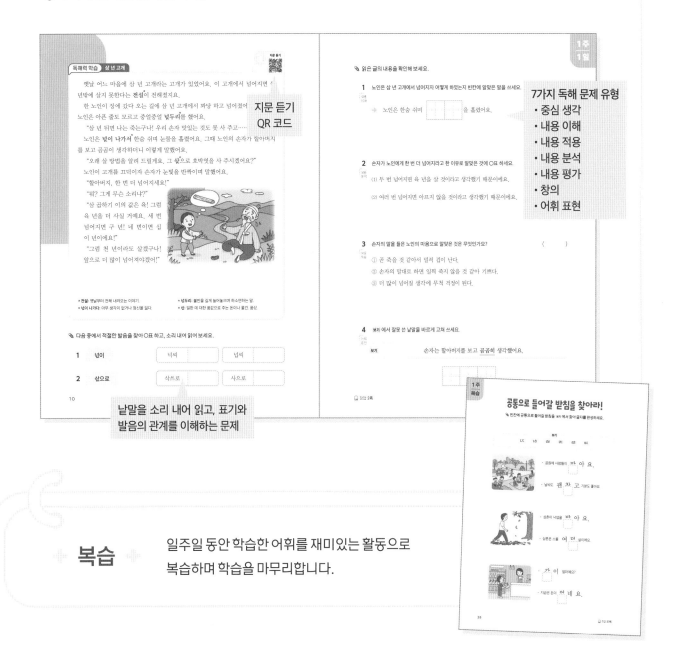

지문 듣기 QR 코드

7가지 독해 문제 유형
• 중심 생각
• 내용 이해
• 내용 적용
• 내용 분석
• 내용 평가
• 창의
• 어휘 표현

낱말을 소리 내어 읽고, 표기와 발음의 관계를 이해하는 문제

복습

일주일 동안 학습한 어휘를 재미있는 활동으로 복습하며 학습을 마무리합니다.

이 책의 **차례**

1단계

*1단계에서 공부한 맞춤법입니다.

공부한 맞춤법	1주 받침이 뒤에 넘어가서 소리 나는 말	2주 받침이 대표 소리로 소리 나는 말	3주 어려운 모음자가 쓰인 말	4주 잘못 쓰기 쉬운 말 1	5주 잘못 쓰기 쉬운 말 2
1일	ㄱ, ㄴ 받침	ㅅ, ㅆ 받침	ㅐ, ㅒ	첫째, 둘째, 셋째	작다/적다, 바라다/바래다
2일	ㄷ, ㄹ 받침	ㅈ, ㅊ 받침	ㅔ, ㅖ	다르다/틀리다, 시키다/식히다	가르치다/가리키다, 대다/데다
3일	ㅁ, ㅂ 받침	ㅋ, ㄲ 받침	ㅚ, ㅙ	나이/연세, 먹다/드시다	빚다/빗다, 늦다/늘다
4일	ㅅ, ㅈ, ㅊ 받침	ㅌ 받침	ㅝ, ㅞ	-던/-든, -았-/-었-/-였-	웬/왠지, 꿰다/꾸다
5일	ㅋ, ㅌ, ㅍ 받침	ㅂ, ㅍ 받침	ㅘ, ㅟ, ㅢ	봬요/뵈어요, 안-/-않-	절이다/조리다, 세다/ 새다

문장 부호, 띄어쓰기, 띄어 읽기

문장 부호

쉼표

(1) 부르는 말이나 대답하는 말 뒤에 쓴다.

예 하윤아, 집에 가자.

(2) 여러 가지 말을 늘어놓을 때 그 말 사이에 쓴다.

예 딸기, 포도, 바나나가 있다.

마침표

설명하거나 명령하는 문장 끝에 쓴다.

예 코끼리는 코가 길다.

큰따옴표

대화를 나타내거나 남의 말을 가져올 때 쓴다.

예 친구가 "뭐해?"라고 물어봤다.

물음표

?

묻는 문장 끝에 쓴다.

예 얼마예요?

작은따옴표

마음속으로 한 말을 적을 때 쓴다.

예 나는 '배고파.'라고 생각했다.

느낌표

!

느낌을 나타내는 문장 끝에 쓴다.

예 참 놀라워!

줄임표

• • • • • •

할 말을 줄이거나 말이 없을 때 쓴다.

예 그게 말이야…….

띄어쓰기와 띄어 읽기

준이는 ∨ 손오공 박사님의 집 ∨ 마당에서 ∨ 멋진 공룡 한 마리를 ∨ 봤어요. ∨∨

머리에 ∨ 뿔이 세 개나 달려 있는 ∨ 공룡이었어요. ∨∨

"공룡아, ∨ 어디에서 왔니? ∨∨ 타임머신 타고 ∨ 과거에서 왔구나!" ∨∨

하하! ∨∨ 손오공 박사님이 ∨ 웃었어요.

띄어 쓰기

❶ 성과 이름은 붙여 쓴다.

❷ 낱말과 낱말 사이는 띄어 쓴다.

❸ 문장 부호 뒤에 오는 말은 띄어 쓴다.

❹ 호칭·직업·지위를 나타내는 말은 앞말과 띄어 쓴다.

❺ '은/는', '이/가', '와/과', '을/를'과 같은 말은 앞말과 붙여 쓰고, 뒷말과 띄어 쓴다.

❻ 단위를 나타내는 말은 앞말과 띄어 쓴다. 단, 숫자와 단위를 나타내는 말은 붙여 쓴다. 예 5월 5일

띄어 읽기

❶ 쉼표(,) 뒤에는 ∨표를 하고 조금 쉬어 읽는다.

❷ 마침표(.), 물음표(?), 느낌표(!) 뒤에는 ∨∨표를 하고, 쉼표(,)보다 조금 더 쉬어 읽는다.

❸ 뜻으로 묶을 수 있는 덩어리 사이에 ∨표를 하고 조금 쉬어 읽는다.

1 주

삼 년 고개

📢 **오늘의 맞춤법** 어려운 겹받침이 있는 말 [ㄳ 받침]

겹받침은 서로 다른 두 개의 자음자로 이루어진 받침을 뜻해요. 겹받침 ㄳ은 [ㄱ]으로 소리 나요. '삯'은 [삭], '넋'은 [넉], '넋두리'는 [넉뚜리]로 발음하지요. '삯', '넋' 뒤에 '이'가 오면 [삭씨], [넉씨]로 발음해요.

[**띄어쓰기 학습**]

✎ 띄어 쓰는 부분을 확인하고, 또박또박 따라 쓰세요.

노인은 넋이 나갔어요.

노	인	은	∨	넋	이	∨	나	갔	어	요	.

✎ 문장의 순서에 맞게 빈칸에 알맞은 숫자를 쓰세요.

값은　　　　삼　　　곱하기　　　육이다.　　　이의

(　　) (1) (　　) (　　) (　　)

맞춤법·어휘 학습

✎ 다음 문장에서 알맞은 말을 골라 ○표 하세요.

1   할아버지는   **몫**   **목**   이 아파서 기침을 하셨다.

2   할아버지께서   **넋**   **넋두리**   를 하셨다.

✎ 빈칸에 알맞은 회색 글자를 따라 쓰고 문장을 완성하세요.

1   일꾼들이 일을 하고 | 품 | 삯 | 을 받았다.

2   친구들이 각자 | 몫 | 을 나누어 먹었다.

✎ 다음 밑줄 친 부분을 맞춤법에 맞게 고쳐 빈칸에 쓰세요.

1   일을 하고 나서 <u>삭</u>을 받았어요.

2   너무 깜짝 놀라서 <u>넉</u>이 나갔어요.

옛날 어느 마을에 삼 년 고개라는 고개가 있었어요. 이 고개에서 넘어지면 삼 년밖에 살지 못한다는 **전설***이 전해졌지요.

한 노인이 장에 갔다 오는 길에 삼 년 고개에서 꽈당 하고 넘어졌어요. 겁이 난 노인은 아픈 줄도 모르고 중얼중얼 **넋두리***를 했어요.

"삼 년 뒤면 나는 죽는구나! 우리 손자 맛있는 것도 못 사 주고……."

노인은 **넋이 나가서*** 한숨 쉬며 눈물을 흘렸어요. 그때 노인의 손자가 할아버지를 보고 곰곰이 생각하더니 이렇게 말했어요.

"오래 살 방법을 알려 드릴게요. 그 **삯***으로 호박엿을 사 주시겠어요?"

노인이 고개를 끄덕이자 손자가 눈빛을 반짝이며 말했어요.

"할아버지, 한 번 더 넘어지세요!"

"뭐? 그게 무슨 소리냐?"

"삼 곱하기 이의 값은 육! 그럼 육 년을 더 사실 거예요. 세 번 넘어지면 구 년! 네 번이면 십 이 년이에요!"

"그럼 천 년이라도 살겠구나! 앞으로 더 많이 넘어져야겠어!"

* **전설**: 옛날부터 전해 내려오는 이야기.
* **넋이 나가다**: 아무 생각이 없거나 정신을 잃다.
* **넋두리**: 불만을 길게 늘어놓으며 하소연하는 말.
* **삯**: 일한 데 대한 품값으로 주는 돈이나 물건. 품삯.

✏️ 다음 중에서 적절한 발음을 찾아 〇표 하고, 소리 내어 읽어 보세요.

1 넋이 | 넉씨 | 넙씨 |

2 삯으로 | 삭쓰로 | 사으로 |

✎ 읽은 글의 내용을 확인해 보세요.

1 노인은 삼 년 고개에서 넘어지자 어떻게 하였는지 빈칸에 알맞은 말을 쓰세요.

내용
이해

➡ 노인은 한숨 쉬며 [　　|　　|　　] 을 흘렸어요.

2 손자가 노인에게 한 번 더 넘어지라고 한 이유로 알맞은 것에 ○표 하세요.

내용
분석

(1) 두 번 넘어지면 육 년을 살 것이라고 생각했기 때문이에요. 　　(　　　)

(2) 여러 번 넘어지면 아프지 않을 것이라고 생각했기 때문이에요. 　　(　　　)

3 손자의 말을 들은 노인의 마음으로 알맞은 것은 무엇인가요? 　　(　　　)

내용
적용

① 곧 죽을 것 같아서 덜컥 겁이 난다.

② 손자의 말대로 하면 일찍 죽지 않을 것 같아 기쁘다.

③ 더 많이 넘어질 생각에 무척 걱정이 된다.

4 보기 에서 잘못 쓴 낱말을 바르게 고쳐 쓰세요.

어휘
표현

보기　　　　　　　　손자는 할아버지를 보고 **곰곰히** 생각했어요.

[　　|　　|　　|　　]

2^일 우리나라 전통 혼례

미리
보기

앉다

꿇다

많다

🔊 **오늘의 맞춤법** 어려운 겹받침이 있는 말 ㄵ, ㄶ, ㅀ 받침

겹받침 ㄵ은 [ㄴ], ㄶ은 [ㄴ], ㅀ은 [ㄹ]로 소리 나요. '앉다'는 [안따], '많다'는 [만:타], '꿇다'는 [꿀타]로 발음
하지요. '앉', '많', '꿇' 뒤에 '아' 또는 '어'가 오면 [안자], [마:나], [꾸러]로 발음해요.

💬 **띄어쓰기 학습**

✎ 띄어 쓰는 부분을 확인하고, 또박또박 따라 쓰세요.

사람들이 많이 참석했어요.

사	람	들	이	∨	많	이	∨	참	석	했	어	요	.

✎ 문장의 순서에 맞게 빈칸에 알맞은 숫자를 쓰세요.

천천히　　　　신부는　　　　허리를　　　　앉아서　　　　굽혔어요.

　(2)　　(　)　　(　)　　(　)　　(　)

월

일

맞춤법·어휘 학습

✎ 바르게 쓴 말을 골라 ○표 하고, 빈칸에 쓰세요.

1   강아지가   **안자**   **앉아**   있다.   ➡

2   동생의 바지가   **닳아서**   **다라서**   못 입게 되었다.

➡

✎ 다음 문장에서 빈칸에 들어갈 글자를 골라 ∨표 하세요.

1   오늘은 날씨가 괜 [ ] 네요.   ➡   [ ] 찮   [ ] 찬

2   뜨거운 이마에 차가운 물수건을 [ ] 었다.   ➡   [ ] 언   [ ] 얹

✎ 빈칸에 알맞은 낱말을 [보기]에서 찾아 문장을 완성하세요.

보기	앉아요	꿇어요	많아요

1   잔칫집에 손님이   .

2   친구들이 교실로 들어와서 의자에   .

3   동생이 절을 하려고 무릎을   .

옛날 사람들은 어떻게 결혼했을까요? 지금처럼 결혼식에서 신랑, 신부가 턱시도와 웨딩드레스를 입었을까요? 그렇지 않았어요.

옛날 사람들은 결혼을 통해 가족과 가족이 관계를 맺는다고 생각했어요. 그래서 집안의 어른들이 누구와 **혼인**할지 정해 주고, 혼인을 요청하고 허락하는 편지를 주고받았지요.

혼례는 주로 신부의 집 마당에서 치러졌어요. 마당에 잔칫상이 차려지고, 친척들과 마을 사람들이 혼례에 많이 참석했어요. 화려한 **혼례복**을 입은 신랑과 신부는 마주 보고 큰절을 했어요. 신랑은 두 손을 이마에 대고 무릎을 꿇고 앉고, 신부는 두 손을 눈높이에 올리고 천천히 앉아서 허리를 굽혔어요.

잔치에 온 사람들은 신랑 신부를 입이 닳도록 칭찬하고, 서로 싸우지 않고 행복하기를 바랐어요. 며칠 뒤 신랑은 말을 타고, 신부는 가마를 타고 함께 신랑의 집에 갔어요. 그때부터 신부는 신랑 집에서 신랑 가족과 함께 살았어요.

* **혼인**: 남자와 여자가 부부가 되는 일.
* **혼례**: 부부가 되기로 서약하는 의식.
* **혼례복**: 혼례식 때 신랑과 신부가 예복으로 입는 옷.

✎ 다음 중에서 적절한 발음을 찾아 ○표 하고, 소리 내어 읽어 보세요.

1 닳도록 | 달토록 | 닫토록

2 않고 | 아코 | 안코

✎ 읽은 글의 내용을 확인해 보세요.

1 이 글은 무엇에 대해 설명하는 글인지 알맞은 것에 ◯표 하세요.

중심
생각

오늘날의 결혼식　　　　옛날 사람들의 혼례　　　　신랑의 집 마당

(　　　　)　　　　　　　(　　　　)　　　　　　　(　　　　)

2 결혼으로 가족과 가족이 관계를 맺는다는 생각 때문에 생긴 일이 <u>아닌</u> 것은 무엇인가요? (　　　　)

내용
분석

① 집안의 어른들이 혼인할 사람을 정해 주었다.

② 혼례는 주로 신랑의 집 마당에서 치렀다.

③ 혼인 전에 혼인을 요청하고 허락하는 편지를 주고받았다.

3 이 글의 내용으로 알맞은 것에 ◯표 하세요.

내용
이해

⑴ 옛날에는 신랑이 신부 집에서 신부 가족과 계속 같이 살았어요.　　　(　　　　)

⑵ 혼례복을 입은 신랑과 신부는 마주 보고 큰절을 했어요.　　　(　　　　)

4 보기 의 뜻을 보고, 다음 문장에 알맞은 낱말을 쓰세요.

어휘
표현

보기	혼례식 때 신랑과 신부가 예복으로 입는 옷.

이모는 화려한 　　　　　　　　을 입고 신랑과 마주 보고 섰다.

3^일 아이스크림에 담긴 과학

📢 **오늘의맞춤법** 어려운 겹받침이 있는 말   ㄼ, ㄾ 받침

겹받침 ㄼ, ㄾ은 대부분 [ㄹ]로 소리 나요. '여덟'은 [여덜], '핥다'는 [할따]로 발음하지요. '덟, 핥' 뒤에 '이, 아'
가 오면 [여덜비], [할타]로 발음해요. '밟다'는 [밥:따]로 소리 나지만 '밟' 뒤에 '아'가 오면 [발바]로 발음해요.

📋 **띄어쓰기 학습**

✏️ 띄어 쓰는 부분을 확인하고, 또박또박 따라 쓰세요.

내 몸은 더 넓어지게 돼요.

내	∨	몸	은	∨	더	∨	넓	어	지	게	∨	돼	요	.

✏️ 문장의 순서에 맞게 빈칸에 알맞은 숫자를 쓰세요.

핥아 먹어요. 나를 아이들은 천천히

( ) ( ) ( ) ( ) (3)

맞춤법·어휘 학습

✎ 다음 문장에서 알맞은 말을 골라 ○표 하세요.

1  수아가 아이스크림을 **핥아**   **훑어**   먹어요.

2  나는   **여덜**   **여덟**   살이에요.

✎ 빈칸에 알맞은 회색 글자를 따라 쓰고 문장을 완성하세요.

1  언니가 책을 어 보아요.

2  영우는 땅에 떨어진 낙엽을 아 보았어요.

✎ 다음 문장에 들어갈 알맞은 말을 골라 ○표 하고, 빈칸에 쓰세요.

1   **핥아**   **할타**   ➡ 강아지가 내 손을  요.

2   **널버**   **넓어**   ➡ 우리 학교 운동장은 매우  요.

나는 더운 여름에 어린이들 손에서 볼 수 있어요. 아이들은 나를 천천히 핥아 먹으며 미소 지어요. 나는 차고 달콤하고 부드러워요. 내가 이렇게 된 까닭은 내 속에 숨은 과학 원리 때문이에요.

얼음은 딱딱한 **고체***이고, 물은 형태가 없는 **액체***예요. 나는 얼음보다 부드럽고 녹으면 물처럼 흘러내려요. 내가 이런 상태가 된 이유는 바로 공기 때문이에요. 나를 만들 때 크림과 우유와 설탕을 저으면서 얼리거든요. 그러면 내 속에 공기 방울이 점점 더 많이 갇히게 되어요. 그러면서 내 몸은 내 속에 들어간 공기의 **부피***만큼 점점 더 넓어지게 돼요. 그래서 사람들이 나를 먹으면 딱딱한 얼음을 먹을 때와 달리 부드럽게 느끼지요. 공기가 많이 들어 있을수록 부드럽지만 빨리 녹는답니다. 과학적 비밀이 숨어 있는 나, 더욱 좋아지지 않나요?

* **고체**: 돌이나 쇠처럼 일정한 모양과 부피가 있고, 쉽게 변형되지 않는 물질의 상태.
* **액체**: 물이나 기름처럼 부피는 있지만 모양이 일정하지 않은 물질의 상태.
* **부피**: 넓이와 높이를 가진 물건이 공간에서 차지하는 크기.

✎ 다음 중에서 적절한 발음을 찾아 ○표 하고, 소리 내어 읽어 보세요.

1 핥아 　　　　　하타　　　　　　　할타

2 넓어지게 　　　　널버지게　　　　　널어지게

✎ 읽은 글의 내용을 확인해 보세요.

1 이 글에 나오는 '나'로 알맞은 것에 ◯표 하세요.

<small>중심
생각</small>

바나나　　　　　　알사탕　　　　　아이스크림

（　　　　）　　　（　　　　）　　　（　　　　）

2 아이스크림의 성질로 알맞은 것끼리 연결하세요.

<small>내용
이해</small>

물처럼　·　　　　　　　　　　　·　부드럽다.

얼음보다　·　　　　　　　　　·　흘러내린다.

3 아이스크림이 차고 부드러운 까닭으로 알맞지 <u>않은</u> 것은 무엇인가요?　（　　　　）

<small>내용
분석</small>

① 크림과 우유와 설탕을 저으면서 얼리기 때문이다.

② 공기 방울이 많이 들어 있기 때문이다.

③ 어린이들이 무척 좋아하기 때문이다.

4 다음과 같은 뜻의 낱말을 이 글에서 찾아 쓰세요.

<small>어휘
표현</small>

넓이와 높이를 가진 물건이 공간에서 차지하는 크기.

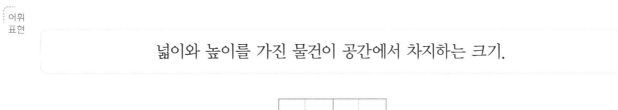

4^일 마트에 가요

📢 **오늘의 맞춤법** 어려운 겹받침이 있는 말 **ㅄ 받침**

겹받침 ㅄ은 [ㅂ]으로 소리 나요. '값'은 [갑], '없다'는 [업:따]로 발음하지요. '값', '없' 뒤에 각각 '이', '어'가 오면 [갑씨], [업:써]로 발음해요.

띄어쓰기 학습

✎ 띄어 쓰는 부분을 확인하고, 또박또박 따라 쓰세요.

싼값으로 사 가자!

싼	값	으	로	∨	사	∨	가	자	!

✎ 문장의 순서에 맞게 빈칸에 알맞은 숫자를 쓰세요.

없다고	엄마에게	맛이	말했다.	나는
( )	(2)	( )	( )	( )

20

맞춤법·어휘 학습

✎ 다음 그림에 알맞은 낱말을 골라 ○표 하세요.

1

3900원

값   갑

2

가엾다   가없다

✎ 다음 문장에서 밑줄 친 글자에 알맞은 받침을 연결하세요.

1 책<u>가</u>을 내고 책을 샀어요. ·

· ㄹㅎ

· ㅄ

2 빵을 다 먹어서 이제 <u>어</u>어요. ·

· ㅄ

· ㅈ

✎ 빈칸에 알맞은 글자를 보기 에서 찾아 문장을 완성하세요.

보기	엾	없	었

1 도시락이 식어서 맛이 ☐☐어요.

2 엄마를 잃은 고양이가 가☐☐어요.

지문 듣기

　학교에 갔다 왔더니 엄마가 집에 없었다. 배도 고프고 기분이 나빠졌다. 식탁 위 쪽지를 보니 이렇게 쓰여 있었다. '**마트***로 오시오.'

　나는 터덜터덜 마트로 갔다. 마트 정문 앞에서 엄마를 만나자마자 **핫도그***를 사 달라고 했다. 그러자 엄마가 말씀하셨다.

　"네가 직접 돈을 내고 사 먹어 보렴."

　나는 핫도그 값으로 천오백 원을 내고 핫도그를 샀다. 핫도그는 눅눅하고 질겼다. 기분이 별로였다. 나는 엄마에게 맛이 없다고 말했다.

　"이제 엄마랑 같이 마트에서 장 볼까?"

　마트에는 **할인***이라고 써 붙인 복숭아와 수박이 있었다.

　"영천에서 온 복숭아를 할인하네? 싼값으로 사 가자!"

　복숭아는 내가 제일 좋아하는 과일이었다.

　"엄마! 저기 의성 마늘도 할 인이라고 써 있어요!"

　"그러네? 우리 서영이가 눈 이 밝구나!"

　나는 기분이 좋아졌다. 엄마와 나는 복숭아와 마늘을 카트에 담 고 계산대로 향했다.

* **마트**: 생산자에게 물품을 대량으로 구입해서 싼값으로 판매하는 상점.
* **핫도그**: 길쭉한 빵에 소시지를 끼우고 케첩 등을 바른 음식.
* **할인**: 일정한 값에서 얼마를 뺌.

✎ 다음 중에서 적절한 발음을 찾아 ○표 하고, 소리 내어 읽어 보세요.

1 없었다　　　　　　업어따　　　　　　업:썬따

2 싼값으로　　　　　　싼갑쓰로　　　　　　싼가브로

✎ 읽은 글의 내용을 확인해 보세요.

1 서영이가 간 곳은 어디인지 빈칸에 알맞은 말을 쓰세요.

중심
생각

➡ 서영이는 [ ][ ]에 가서 엄마와 장을 봤어요.

2 서영이가 핫도그가 맛이 없다고 말한 까닭으로 알맞은 것은 무엇인가요? (   )

내용
분석

① 핫도그 값을 직접 내고 사 먹었기 때문이다.

② 핫도그가 눅눅하고 질겼기 때문이다.

③ 다른 간식을 많이 먹어 배가 불렀기 때문이다.

3 마트에서 할인하고 있는 것을 모두 골라 ○표 하세요.

내용
이해

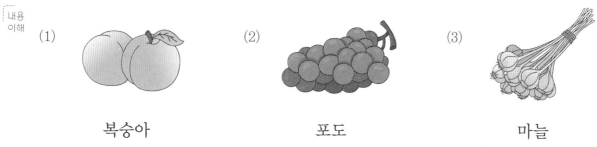

(1) 복숭아   (2) 포도   (3) 마늘

4 보기 의 뜻을 보고, 알맞은 낱말을 찾아 ○표 하세요.

어휘
표현

보기   일정한 값에서 얼마를 뺌.

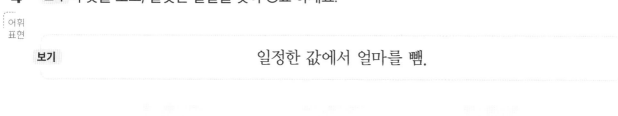

용돈   할인   가격

5일 시를 읊어요

오늘의 맞춤법 어려운 겹받침이 있는 말 [ㄺ, ㄻ, ㄿ 받침]

겹받침 ㄺ은 [ㄱ], ㄻ은 [ㅁ], ㄿ은 [ㅂ]으로 소리 나요. '밝다'는 [박따], '삶다'는 [삼:따], '읊다'는 [읍따]로 발음하지요. '밝', '삶', '읊' 뒤에 '아' 또는 '어'가 오면 [발가], [살마], [을퍼]로 발음해요.

띄어쓰기 학습

✎ 띄어 쓰는 부분을 확인하고, 또박또박 따라 쓰세요.

귀뚜라미와 나와 달 밝은 밤

| 귀 | 뚜 | 라 | 미 | 와 | ∨ | 나 | 와 | ∨ | 달 | ∨ | 밝 | 은 | ∨ | 밤 |

✎ 문장의 순서에 맞게 빈칸에 알맞은 숫자를 쓰세요.

동시를   드렸어요.   읊어   꽃님이는   할머니께

(3)   (   )   (   )   (   )   (   )

맞춤법·어휘 학습

✏️ 다음 문장에서 알맞은 말을 골라 ○표 하세요.

1 아빠와 동생은 서로 　**닮았어요.** 　　**닳았어요.**

2 엄마와 이모가 나란히 시를 　**읊어요.** 　　**읇어요.**

✏️ 다음 문장에 들어갈 알맞은 말을 골라 ○표 하고, 빈칸에 쓰세요.

1 　**삼** 　**삶** 　 기차에서 　　은 달걀을 먹었어요.

2 　**밝** 　**밤** 　 추석에 　　은 보름달이 떴어요.

✏️ 다음 밑줄 친 부분을 맞춤법에 맞게 고쳐 빈칸에 쓰세요.

1 시인이 큰 목소리로 시를 <u>읍어요</u>. 　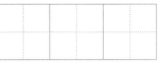

2 지안이가 그림책을 <u>잉는다</u>. 　

꽃님이와 할머니는 함께 한글을 공부했어요.

"할미는 눈이 침침해서 책 읽기가 힘들어."

꽃님이는 할머니 말씀에 동시를 더듬더듬 읊어 드렸어요.

"귀뚜라미와 나와 달 밝은 밤에 이야기했다.*"

할머니는 꽃님이가 읊은 부분을 따라 써 보았어요.

"응? 할머니, 달 '발근 밤'이 아니고 '밝은 밤'이에요!"

할머니는 연필을 탁 놓고 방바닥에 누웠어요.

"겹받침* 은 읽고 쓰는 것이 힘들구나."

"'밝다'에는 ㄹㄱ 겹받침이 쓰여요. 동시를 '읊다'에도 ㄹㅍ 겹받침이 쓰였어요."

"어머나! 우리 꽃님이는 모르는 게 없네?"

"달이 발다, 시를 을다 하면 이상하잖아요?"

꽃님이와 할머니가 같이 웃음을 터뜨렸어요.

그때 엄마가 **삶은*** 옥수수를 가지고 오셨어요.

"꽃님이가 할머니를 닮아 똑똑하구나. 동시도 잘 읊고!"

꽃님이와 할머니는 마주 보고 배시시 웃었어요.

＊ 윤동주 동시 〈귀뚜라미와 나와〉 중에서.
＊ **겹받침**: 서로 다른 두 개의 자음자로 이루어진 받침.
＊ **삶다**: 물에 넣고 끓이다.

✎ 다음 중에서 적절한 발음을 찾아 ◯표 하고, 소리 내어 읽어 보세요.

1 삶은 | 사른 | | 살믄 |

2 읊고 | 읍꼬 | | 음꼬 |

✎ 읽은 글의 내용을 확인해 보세요.

1 할머니와 꽃님이에 대한 설명으로 알맞은 것에 ○표 하세요.

내용
이해

(1) 꽃님이는 할머니에게 한글을 배웠어요.   (   )

(2) 꽃님이는 동시를 더듬더듬 읊을 수 있어요.   (   )

2 이 글에서 할머니가 쓰기 힘들어한 것은 무엇인지 빈칸에 알맞은 말을 쓰세요.

내용
이해

➡ 할머니는 | | | | | 을 쓰기 힘들어한다.

3 할머니에게 동시를 읊어 드린 꽃님이의 마음으로 알맞은 것은 무엇일까요?   (   )

내용
적용

① 할머니가 자꾸 책을 읽어 달라고 하셔서 곤란하다.

② 할머니보다 한글을 잘 읽는 것을 자랑하고 싶다.

③ 할머니는 눈이 침침해서 책을 읽기 힘드시니까 종종 도와드려야겠다.

4 다음 뜻과 낱말을 알맞게 연결하세요.

어휘
표현

                                •   **매미**

8~10월에 풀밭에서 가을을 알리듯이 우는 곤충. •

                                •   **귀뚜라미**

공통으로 들어갈 받침을 찾아라!

✎ 빈칸에 공통으로 들어갈 받침을 보기 에서 찾아 글자를 완성하세요.

보기

ㄵ   ㄶ   ㄿ   ㄾ   ㅀ   ㅆ

· 공원에 사람들이 **마**□아 요.

· 날씨도 **괜 찬**□**고**, 기분도 좋아요.

· 삼촌이 낙엽을 **바**□아 요.

· 삼촌은 스물 **여 더**□ 살이에요.

· **가**□**이** 얼마예요?

· 지금은 돈이 **어**□**네 요.**

정답 27쪽

2 주

일	공부할 내용		
1일 국어 창작 동화	 설날에는 모두 모여요		[ㄴ], [ㄹ]로 소리 나는 말
2일 사회 체험 보고서	 악기 박물관 체험 학습		[ㅁ], [ㅇ]으로 소리 나는 말
3일 과학 설명문	 펭귄 사회의 규칙	소리와 모양이 다른 여러 가지 말 1	[ㅈ], [ㅊ]으로 소리 나는 말
4일 통합 논설문	 걷기 운동을 해 봐요		된소리로 소리 나는 말 1
5일 통합 맞춤법 동화	 눈사람 친구		된소리로 소리 나는 말 2
복습	모아 모아 낱말을 완성하자!		

1^일 설날에는 모두 모여요

미리 보기

설날

난로

강릉

설날 아침, 강릉 할머니 댁에서

오늘의 맞춤법 소리와 모양이 다른 여러 가지 말 1 [ㄴ], [ㄹ]로 소리 나는 말

앞말의 ㅇ 받침이 뒷말의 ㄹ과 만나면 ㄹ은 [ㄴ]으로 소리 나요. '강릉'은 [강능]으로 발음하지요. '설날'처럼 앞말의 받침이 ㄹ일 때 뒷말의 첫소리 ㄴ은 [ㄹ]로 소리 나요. '난로'처럼 뒷말의 첫소리가 ㄹ일 때 앞말의 ㄴ 받침도 [ㄹ]로 소리 나요. '설날'은 [설:랄], '난로'는 [날:로]로 발음해요.

띄어쓰기 학습

✎ 띄어 쓰는 부분을 확인하고, 또박또박 따라 쓰세요.

> 강릉 할머니 댁에 왔어요.

강	릉	∨	할	머	니	∨	댁	에	∨	왔	어	요	.

✎ 문장의 순서에 맞게 빈칸에 알맞은 숫자를 쓰세요.

난로	옆에	앉았어요.	모여	모두가
( )	( )	( )	( )	(1)

맞춤법·어휘 학습

✎ 다음 그림에 알맞은 낱말을 골라 ◯표 하세요.

1

섣달   설날

2

날노   난로

✎ 빈칸에 알맞은 글자를 보기 에서 찾아 문장을 완성하세요.

보기	카	칼	랄	날

1 ☐ 날이 날카로우니까 조심해요!

2 설 ☐ 은 다음 주 토요일이에요.

✎ 다음 문장에서 밑줄 친 글자에 알맞은 받침을 연결하세요.

· ㅇ

1 우리 같이 **주**넘기를 하자. ·

· ㄹ

· ㅅ

2 언니가 울고불고 **나**리를 부렸다. ·

· ㄴ

지문 듣기

　　보윤이는 꽉 막힌 고속도로를 지나 강릉 할머니 댁에 왔어요. 할머니가 보윤이를 꼭 안아 주셨어요.

　　"보윤이도 조물조물 떡을 만들어 볼까?"

　　보윤이네 가족은 둘러앉아 명절 음식을 만들었어요. 엄마와 큰엄마는 지글지글 전을 부치고, 아빠와 보윤이는 보름달 모양, 반달 모양 만두를 빚었어요.

　　"이 많은 음식을 다 누가 먹어요?"

　　"**차례***상에 올리면 조상님들이 와서 먹지."

　　"귀신이요?"

　　보윤이가 깜짝 놀라자 어른들이 껄껄 웃었어요.

　　설날 아침, 보윤이는 설레는 마음으로 일어났어요. 부엌에서 맛있는 떡국 냄새가 솔솔 났어요.

　　"보윤아, 차례 지내."

　　보윤이는 귀신이 왔을까 봐 살금살금 거실에 가 보았어요. 차례상이 풍성하게 차려 있었어요. 차례를 지내고 할머니, 큰아빠, 큰엄마, 사촌 언니까지 모두가 난로 옆에 모여 떡국을 먹었어요.

　　"보윤이 떡국 먹고 나이도 한 살 더 먹겠네!"

　　떡국을 먹고, 보윤이는 웃어른들께 **세배***를 드렸어요.

설날 아침, 강릉 할머니 댁에서

---

* **차례**: 명절이나 조상의 생일에 지내는 제사.

* **세배**: 섣달그믐이나 설 무렵에 웃어른에게 하는 절.

✎ 다음 중에서 적절한 발음을 찾아 ○표 하고, 소리 내어 읽어 보세요.

1　강릉

강릉		강능

2　난로

날:로		난:노

✎ 읽은 글의 내용을 확인해 보세요.

1 이 글에서 보윤이는 설날에 어디에 있었나요?

중심
생각

➡ 보윤이는 설날에 [ ] 할머니 댁에 있었어요.

2 어른들이 껄껄 웃은 까닭으로 가장 알맞은 것은 무엇인가요? (　　　)

내용
분석

① 보윤이가 만두를 맛있게 빚었기 때문이다.

② 보윤이가 명절 음식을 귀신이 먹는다고 생각했기 때문이다.

③ 한복을 입은 보윤이가 예뻤기 때문이다.

3 보윤이네 할머니 댁에서 설날에 하는 일이 <u>아닌</u> 것에 ○표 하세요.

내용
이해

| 송편 만들기 | (　　) | 차례 지내기 | (　　) |
| 떡국 먹기 | (　　) | 세배하기 | (　　) |

4 다음 문장에 알맞은 낱말을 보기 에서 찾아 쓰세요.

어휘
표현

보기　　　　　　　　　　차례　　　　세배

(1) 친척 어른들께 [ ] 를 했다.

(2) 한복을 입고 [ ] 를 지냈다.

2일 악기 박물관 체험 학습

미리보기

박물관

앞마당

앞문

악기 박물관

오늘의 맞춤법 소리와 모양이 다른 여러 가지 말 1 [ㅁ], [ㅇ]으로 소리 나는 말

앞말의 ㅍ 받침이 뒷말의 ㅁ을 만나면 ㅍ은 [ㅁ]으로 소리 나요. '앞문'은 [암문], '앞마당'은 [암마당]으로 발음하지요. 앞말의 ㄱ 받침이 뒷말의 ㅁ을 만나면 [ㅇ]으로 소리 나요. '박물관'은 [방물관]으로 발음해요.

띄어쓰기 학습

✎ 띄어 쓰는 부분을 확인하고, 또박또박 따라 쓰세요.

앞마당이 넓게 펼쳐져 있었다.

앞	마	당	이	∨	넓	게	∨	펼	쳐	져	∨	있	었	다.

✎ 문장의 순서에 맞게 빈칸에 알맞은 숫자를 쓰세요.

악기 박물관을   추천해   이모가   주셨다.   나에게

(　　) (　　) (　　) (　　) (　2　)

맞춤법·어휘 학습

✎ 다음 문장에서 알맞은 말을 골라 ○표 하세요.

1 동생이 가게의 　**앞문**　　**암문**　을 열었다.

2 우리 집 　**망내**　　**막내**　는 반려견 꼬미다.

✎ 다음 문장에서 밑줄 친 글자에 알맞은 받침을 연결하세요.

1 모마른 아빠께서 물을 마셔요. •

2 자전거는 아마당에 있어요. •

• ㄱ

• ㅇ

• ㅁ

• ㅍ

✎ 다음 문장에서 빈칸에 들어갈 글자를 골라 ∨표 하세요.

1 ☐ 문이 잠겨 있으니 뒷문으로 가요.　➡ ☐앞　☐압

2 오늘 ☐ 물관은 문을 닫았어요.　➡ ☐방　☐박

지문 듣기

체험 학습 보고서

성명	남준호	새빛 초등학교 2 학년 3 반	
체험 장소	악기 박물관	함께한 사람	엄마, 이모
체험 기간	20＊＊년 4 월 8 일		

체험 학습 내용

요즘 내가 피아노 연습을 게을리하니까 이모가 체험 학습 장소로 악기 박물관을 추천해 주셨다. 나는 가고 싶지 않았지만 엄마가 학교에 가는 대신 함께 다녀오자고 하셔서 악기 박물관에 갔다.

박물관 앞문으로 들어가니 앞마당이 넓게 펼쳐져 있었다.

악기 박물관의 출입문을 들어서면 매표소와 1층 전시실이 있다. 1층에는 건반 악기 전시실이 있는데 피아노 연주를 직접 할 수 있다. 모차르트, 바흐 같은 작곡가들의 초상화가 그려진 계단을 올라가면 2층 전시실이 나온다.

2층에는 바이올린, 첼로, 가야금을 볼 수 있는 **현악기**[＊] 전시실이 있다. 3층에는 트럼펫, 플루트 같은 **관악기**[＊]가 전시되어 있다. 생 김새와 음의 높낮이가 다른 악기들을 직접 연주 해 본 것이 무척 재미있었다.

악기 박물관을 다 보고 앞문을 나서면서 어서 집에 가서 피아노를 치고 싶다는 생각이 들었다.

＊**현악기**: 현을 켜거나 타서 소리를 내는 악기. 가야금, 바이올린 등이 있고, 줄악기라고도 함.
＊**관악기**: 입으로 불어서 관 안의 공기를 진동시켜 소리 내는 악기. 단소, 트럼펫 등이 있음.

✎ 다음 중에서 적절한 발음을 찾아 ○표 하고, 소리 내어 읽어 보세요.

1 높낮이 | 농나지 | 놈나지

2 박물관 | 방물관 | 박뭉관

✎ 읽은 글의 내용을 확인해 보세요.

1 이모가 체험 학습 장소로 악기 박물관을 추천한 까닭으로 알맞은 것은 무엇인가요? ( )

내용
이해

① 준호의 엄마가 악기를 사고 싶어 했기 때문이다.

② 준호가 피아노 연습을 게을리하기 때문이다.

③ 이모가 운영하는 박물관이기 때문이다.

2 준호가 악기 박물관에서 본 악기를 모두 골라 ○표 하세요.

내용
이해

(1) 가야금 (2) 기타 (3) 피아노

3 준호가 악기 박물관에서 체험한 것에 ○표 하세요.

내용
분석

악기 연주해 보기 ( ) 악기 박물관 그리기 ( )

체험 학습 보고서 쓰기 ( ) 피아노 연주 감상하기 ( )

4 '건반 악기, 현악기, 관악기'를 모두 포함하는 뜻의 낱말을 쓰세요.

어휘
표현

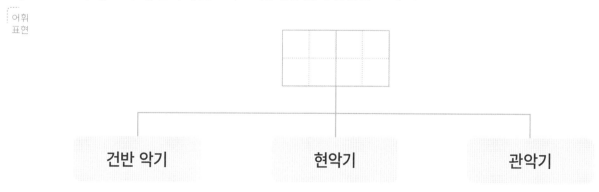

건반 악기 현악기 관악기

3일 펭귄 사회의 규칙

미리 보기

걷히다

해돋이

붙이다

📢 **오늘의 맞춤법** 소리와 모양이 다른 여러 가지 말 1 　[ㅈ], [ㅊ]으로 소리 나는 말

ㄷ, ㅌ 받침이 '이'를 만나면 ㄷ은 [ㅈ], ㅌ은 [ㅊ]으로 소리 나요. '해돋이'는 [해도지], '붙이다'는 [부치다]로 발음
하지요. ㄷ, ㅌ 받침 다음에 '히'가 와도 [ㅈ]이나 [ㅊ]으로 소리 나요. '걷히다'는 [거치다]로 발음해요.

(띄어쓰기 학습)

✎ 띄어 쓰는 부분을 확인하고, 또박또박 따라 쓰세요.

서로 몸을 붙이고 있어요.

서	로	∨	몸	을	∨	붙	이	고	∨	있	어	요	.

✎ 문장의 순서에 맞게 빈칸에 알맞은 숫자를 쓰세요.

걷히고　　　먹구름이　　　해돋이가　　　시작되어요.

(　　)　(　1　)　(　　)　(　　)

맞춤법·어휘 학습

✎ 빈칸에 알맞은 낱말을 보기 에서 찾아 문장을 완성하세요.

보기	걷히다	붙이다	달무리	해돋이

1 드디어 먹구름이 ⬚⬚⬚ .

2 새해 첫날 아침에 ⬚⬚⬚ 를 보았어요.

3 짝꿍의 의자를 내 의자 옆에 ⬚⬚⬚ .

✎ 바르게 쓴 말을 골라 ○표 하고, 빈칸에 쓰세요.

1 친구와 나는 **가치** **같이** 서 있다.

➡ ⬚⬚

2 엄마가 **등받이** **등바지** 가 있는 의자를 사 주셨다.

➡ ⬚⬚⬚

✎ 다음 문장에서 빈칸에 들어갈 글자를 골라 ∨표 하세요.

1 책상에 종이를 ⬚ 여요. ➡ ☐ 부 ☐ 붙

2 안개가 ⬚ 혀서 집에 갈 수 있어요. ➡ ☐ 거 ☐ 걷

지문 듣기

남극은 지구의 가장 남쪽에 있는 지역이에요. 자동차가 쌩 지나가듯 빠르게 찬바람이 휘몰아치고, 사방은 얼음으로 둘러싸여 있지요. 이러한 추위 속에서 황제펭귄은 알을 어떻게 지킬까요?

가을이 끝나 갈 무렵, 암컷 펭귄이 알을 낳으면 수컷 펭귄은 발 위에 알을 올려놓고 있어요. 특별히 발위에 올려놓는 이유는 알을 배로 감싸 안아 따뜻하게 품기 위해서예요.

혹독한* 바람이 부는 겨울밤이에요. 알을 품은 황제펭귄들은 서로 몸을 붙이고 무리 지어서 바람의 반대쪽으로 고개를 숙이고 있어요. 무리의 안쪽에 선 펭귄들은 체온이 높지만 바깥에 선 펭귄들은 찬바람을 고스란히 맞아서 체온이 낮아져요. 이때 펭귄들은 조금씩 움직여서 맨 끝자리 **당번***을 안쪽으로 바꿔 주어요. 그러면 모두가 따뜻하게 있을 수 있어요.

어느덧 긴 밤이 지나, 펭귄들의 머리 위로 먹구름이 걷히고 해돋이가 시작되어요. 이제 아침이에요. 간밤에 펭귄들은 서로서로 도우며 추위를 이겨 내고 알과 새끼를 지켜 냈어요.

* **혹독하다**: 몹시 심하다.
* **당번**: 어떤 일을 책임지고 돌보는 차례가 됨. 또는 그 차례가 된 사람.

✎ 다음 중에서 적절한 발음을 찾아 ○표 하고, 소리 내어 읽어 보세요.

1	해돋이	해도지	해돕지
2	걷히고	거티고	거치고

✎ 읽은 글의 내용을 확인해 보세요.

1 이 글에서 펭귄들은 겨울밤을 어떻게 보냈는지 빈칸에 알맞은 말을 쓰세요.

중심
생각

➡ 서로 몸을 ☐☐☐ 서서, 조금씩 움직여 끝자리를 바꾸어요.

2 남극에 대한 설명으로 알맞은 것을 찾아 연결하세요.

내용
이해

| 위치 | • | | • 사방이 얼음으로 둘러싸여 있다. |

| 특징 | • | | • 지구의 가장 남쪽에 있다. |

3 황제펭귄들이 밤에 모두 따뜻하게 있을 수 있는 까닭으로 알맞은 것은 무엇인가요? ( )

내용
분석

① 펭귄들이 서로 떨어져 있기 때문이다.

② 남극에 따뜻한 바람이 불기 때문이다.

③ 맨 끝자리 당번을 안쪽으로 바꿔 주기 때문이다.

4 다음과 같은 뜻의 낱말을 이 글에서 찾아 쓰세요.

어휘
표현

어떤 일을 책임지고 돌보는 차례가 된 사람.

☐☐☐

4^일 걷기 운동을 해 봐요

🔊 **오늘의 맞춤법** 소리와 모양이 다른 여러 가지 말 1 　된소리로 소리 나는 말 1

앞말의 받침이 ㄱ, ㄷ, ㅂ일 때 뒷말의 첫 자음자 ㄱ은 [ㄲ], ㅅ은 [ㅆ]으로 소리 나요. '학교'는 [학꾜], '걷기'는 [걷:끼], '밥상'은 [밥쌍]으로 발음해요.

띄어쓰기 학습

✎ 띄어 쓰는 부분을 확인하고, 또박또박 따라 쓰세요.

걷는 것도 운동이 될까요?

| 걷 | 는 | ∨ | 것 | 도 | ∨ | 운 | 동 | 이 | ∨ | 될 | 까 | 요 | ? |

✎ 문장의 순서에 맞게 빈칸에 알맞은 숫자를 쓰세요.

반찬이　　밥상　　맛있어　　위의　　보인다.

(　　) (　1　) (　　) (　　) (　　)

맞춤법·어휘 학습

✏️ 다음 그림에 알맞은 낱말을 골라 ○표 하세요.

1

깍뚜기　　　　깍두기

2

입쑬　　　　입술

✏️ 빈칸에 알맞은 글자를 보기 에서 찾아 문장을 완성하세요.

보기	기	끼	밥	빱

1 ☐☐ 상 위에 국 ☐☐ 이 놓여 있었다.

2 반찬으로 깍두 ☐ 를 먹은 다음에 걷 ☐ 를 하자.

✏️ 다음 문장에서 맞춤법에 맞는 말을 골라 ○표 하고, 빈칸에 바르게 쓰세요.

1 방학이 끝나고 즐거운 마음으로 　학교　　하꾜　로 향했어요.

➡ ☐☐

2 점심으로 나온 김밥을 맛있게 　먹다　　먹따　.

➡ ☐☐

지문 듣기

　걷는 것도 운동이 될까요? 걷기는 돈이 들지 않고 장비가 필요하지 않으며 팀을 이룰 필요가 없고, 따로 기술을 배울 필요도 없어요. 그런데도 걷기는 운동으로써 큰 **효과***가 있어요.

　첫째, 걷기를 꾸준히 하면 다리 근육의 힘이 세지고 뼈가 튼튼해져요. 둘째, 빠른 속도로 꾸준히 걸으면 혈액 순환과 심장병의 **예방***에 좋고, 다이어트의 효과가 있어요. 셋째, 햇빛을 보며 걸으면 스트레스와 **우울***한 감정이 해소되고 정신 건강에 도움이 돼요.

　패스트푸드*를 많이 먹고 운동을 적게 하며 일찍 비만이 되는 어린이의 수가 늘고 있어요. 가족이나 친구와 함께 학교까지 걷기 운동을 해 봐요. 밥상 위의 모든 반찬이 맛있어 보이고 밥맛이 좋아질 거예요. 무엇보다 건강한 몸과 마음을 갖는 데 무척 도움이 될 거예요.

* **효과:** 어떤 행위에 의해 드러나는 좋은 결과.
* **예방:** 질병이나 재해가 일어나기 전에 미리 대처하는 일.
* **우울:** 근심스럽거나 답답하여 활기가 없음.
* **패스트푸드:** 주문하면 즉시 완성되어 나오는 식품.

✎ 다음 중에서 적절한 발음을 찾아 ○표 하고, 소리 내어 읽어 보세요.

1 걷기 　　　걵기　　　　걷:끼

2 학교 　　　핫교　　　　학꾜

✎ 읽은 글의 내용을 확인해 보세요.

1 이 글은 무엇에 대해 주장하는 글인지 알맞은 것에 ○표 하세요.

중심
생각

달리기의 효과	걷기의 효과	휴식의 효과
( )	( )	( )

2 걷기의 장점으로 알맞은 것에 ○표 하세요.

내용
이해

(1) 장비가 많이 필요해요. ( )

(2) 따로 기술을 배울 필요가 없어요. ( )

3 이 글의 내용으로 알맞지 <u>않은</u> 것은 무엇인가요? ( )

내용
분석

① 걷기를 꾸준히 하면 다리 근육의 힘을 키울 수 있다.

② 스트레스와 우울한 감정이 해소되고 정신 건강에 도움이 된다.

③ 걷기 운동을 하면 친구보다 학교에 빨리 갈 수 있다.

4 보기 의 뜻을 보고, 다음 문장에 알맞은 낱말을 쓰세요.

어휘
표현

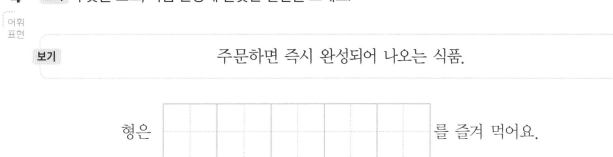

> 보기   주문하면 즉시 완성되어 나오는 식품.

형은   ☐☐☐☐☐☐ 를 즐겨 먹어요.

 5일 눈사람 친구

담벼락

눈동자

눈사람

📢 **오늘의 맞춤법** 소리와 모양이 다른 여러 가지 말 1 　 된소리로 소리 나는 말 2

앞말의 받침이 ㄴ, ㅁ일 때 뒷말의 첫 자음자 ㄷ은 [ㄸ], ㅂ은 [ㅃ], ㅅ은 [ㅆ]으로 소리 나요. '눈동자'는 [눈똥자], '담벼락'은 [담뼈락], '눈사람'은 [눈:싸람]으로 발음해요.

💬 **띄어쓰기 학습**

✏️ 띄어 쓰는 부분을 확인하고, 또박또박 따라 쓰세요.

촉촉한 물방울만 남았어요.

촉	촉	한	∨	물	방	울	만	∨	남	았	어	요	.

✏️ 문장의 순서에 맞게 빈칸에 알맞은 숫자를 쓰세요.

기대어	담벼락에	눈사람을	하오롱은	바라보았어요.
(　　)	(2)	(　　)	(　　)	(　　)

맞춤법·어휘 학습

✏️ 다음 문장에서 알맞은 말을 골라 ○표 하세요.

1   아기의   **눈동자**   **눈동짜**   가 반짝반짝 빛나요.

2   꽁꽁 언   **빙판킬**   **빙판길**   을 살금살금 걸어요.

✏️ 빈칸에 알맞은 회색 글자를 따라 쓰고 문장을 완성하세요.

1   누가 | 담 | 벼 | 락 | 에 낙서를 했니?

2   물컵에 | 물 | 방 | 울 | 이 맺혔어요.

✏️ 다음 밑줄 친 부분을 맞춤법에 맞게 고쳐 빈칸에 쓰세요.

1   <u>빙판낄을</u> 조심하세요.   ➡️

2   내 <u>눈똥자</u>는 갈색이다.   ➡️

지문 듣기

밤사이 **함박눈***이 내려서 연이와 하오룽은 눈사람을 만들었어요.

"얘는 눈사람이야. 너처럼 눈동자가 커."

연이가 하오룽에게 말했지만 하오룽은 "누사람? 누동좌?"라고 되물었어요.

하오룽은 중국에서 온 친구라서 우리말에 서툴러요.

"우리말은 ㄴ 받침 뒤에 자음자로 시작하는 말이 오면 **된소리***가 나. 눈싸람, 눈똥자 이렇게 소리 내 봐."

하오룽은 연이의 말을 따라 하며 눈사람의 눈동자로 크고 빨간 단추를 끼워 주었어요.

연이와 하오룽은 담벼락에 기대어 눈사람을 바라보았어요. 하오룽이 연이에게 말했어요.

"눈싸람, 우리 친구 같다."

이튿날 아침, 하오룽이 가족과 함께 중국으로 돌아가는 날이에요. 연이는 하오룽과 헤어지는 것이 섭섭했어요. 담벼락 앞에는 어제 만든 눈사람이 아직 서 있었어요.

연이가 하오룽에게 말했어요.

"하오룽, 중국에 가서도 눈사람 친구 만들어!"

하오룽은 연이와 눈사람에게 손을 흔들어 주었어요.

* **함박눈**: 굵고 탐스럽게 내리는 눈.

* **된소리**: 자음자 중에 강하고 단단한 느낌을 주는 소리. ㄲ, ㄸ, ㅃ, ㅆ, ㅉ이 있음.

✎ 다음 중에서 적절한 발음을 찾아 ○표 하고, 소리 내어 읽어 보세요.

1   눈사람   눈ː싸람   능ː사람

2   담벼락   담뼈락   단벼락

✎ 읽은 글의 내용을 확인해 보세요.

1 하오롱은 어느 나라에서 온 친구인지 알맞은 것에 ○표 하세요.

내용
이해

영국	미국	중국
( )	( )	( )

2 이 글의 내용으로 알맞은 것에 ○표 하세요.

내용
이해

(1) 하오롱은 연이가 만든 눈사람이다. ( )

(2) 연이와 하오롱은 같이 눈사람을 만들었다. ( )

3 연이가 하오롱에게 중국에 가서도 눈사람을 만들라고 한 까닭은 무엇인가요? ( )

내용
적용

① 하오롱과 헤어지는 것이 섭섭했기 때문이다.

② 눈사람은 금세 녹기 때문이다.

③ 중국에는 눈이 많이 오기 때문이다.

4 다음과 같은 뜻의 낱말을 이 글에서 찾아 쓰세요.

어휘
표현

강하고 단단한 느낌을 주는 소리로 ㄲ, ㄸ, ㅃ, ㅆ, ㅉ이 있음.

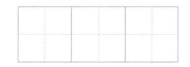

모아 모아 낱말을 완성하자!

✎ 낱말의 뜻을 잘 읽고, 자음자와 모음자를 모아 ☐ 안에 알맞은 답을 쓰세요.

1

연료를 때거나 전기를 이용하여
방 안의 온도를 올리는 난방 장치.

ㄴ ㅏ ㅗ
ㄹ ㄴ

☐☐

2

집 앞에 있는 뜰.

ㅍ ㅇ ㅏ ㅁ
ㅏ ㅇ ㄷ ㅏ

☐☐☐

3

해가 막 솟아오르는 때. 또는 그런 현상.

ㄷ ㅗ ㅐ
ㄷ ㅣ ㅇ ㅎ

☐☐☐

4

담이나 벽의 표면.

ㅏ ㅕ ㅂ
ㄱ ㅁ
ㄷ ㄹ ㅏ

☐☐☐

정답 **27**쪽

3주

1^일 강봉남 할머니께

미리보기

색연필

단풍잎

은행잎

📢 **오늘의 맞춤법** 소리와 모양이 다른 여러 가지 말 2 　[ㄴ] 소리가 덧나는 말

'색연필', '단풍잎', '은행잎'처럼 두 개의 낱말이 합쳐져서 하나의 낱말이 될 때 [ㄴ] 소리가 더해져 소리 나는
경우가 있어요. '색연필'은 [생년필], '단풍잎'은 [단풍닙], '은행잎'은 [은행닙]으로 발음해요.

💬 띄어쓰기 학습

✎ 띄어 쓰는 부분을 확인하고, 또박또박 따라 쓰세요.

색연필로 그린 그림을 드려요.

| 색 | 연 | 필 | 로 | ∨ | 그 | 린 | ∨ | 그 | 림 | 을 | ∨ | 드 | 려 | 요. |

✎ 문장의 순서에 맞게 빈칸에 알맞은 숫자를 쓰세요.

바람이　　　　불어요.　　　　한여름도　　　　지나고　　　　이제

（　　　）　（　　　）　（　　　）　（　　　）　（　1　）

맞춤법·어휘 학습

✎ 다음 그림에 알맞은 낱말을 골라 ○표 하세요.

1

으냉닢　　　　은행잎

2

한여름　　　　핟녀름

✎ 빈칸에 알맞은 회색 글자를 따라 쓰고 문장을 완성하세요.

1

색	연	필

로 그림을 그려요.

2

호	박	잎

에 밥을 싸 먹어요.

✎ 다음 문장에서 맞춤법에 맞는 말을 골라 ○표 하고, 빈칸에 바르게 쓰세요.

1　　단풍닙　　　　단풍잎　　을 주워 엄마에게 주었어요.

➡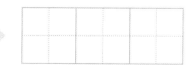

2　매미는　　한녀름　　　한여름　　에 맴맴 울어요.　➡

지문 듣기

강봉남 할머니께

할머니, 안녕하세요?

할머니 손녀 지은이에요. 오늘 처음으로 **낙엽***이 떨어진 것을 보고 할머니 생각이 나서 편지를 써요. 여름 방학에 할머니께서 **실뜨기***도 가르쳐 주시고 귀신 이야기도 해 주셔서 재미있었어요. 채소는 원래 맛없는 건 줄 알았는데, 할머니께서 쪄 주신 호박잎과 옥수수를 먹어 보니 맛있었어요.

이제 한여름도 지나고 저녁 바람이 솔솔 불어서 놀이터에서 놀기 좋아요. 놀이터에 **은행잎*** **단풍잎***이 노랗게 빨갛게 물들었어요. 할머니께 색연필로 은행잎, 단풍잎을 알록달록하게 그린 그림을 보내 드려요. 그림을 보면서 제가 갈 때까지 귀신 이야기를 좀 더 생각해 주시면 좋겠어요. 겨울 방학에 또 놀러 갈게요.

그럼, 안녕히 계세요.

이제 오이도 잘 먹는 손녀, 지은 올림

* **낙엽**: 말라서 떨어진 나뭇잎.
* **실뜨기**: 실의 두 끝을 묶어서 양쪽 손가락에 얽어 두 사람이 주고받으면서 하는 놀이.
* **은행잎**: 은행나무의 잎.　* **단풍잎**: 단풍나무의 잎 또는 가을에 단풍이 든 잎.

✎ 다음 중에서 적절한 발음을 찾아 ○표 하고, 소리 내어 읽어 보세요.

1　한여름　　　　　　한녀름　　　　　　하녀름

2　은행잎　　　　　　은냉닙　　　　　　은행닙

✎ 읽은 글의 내용을 확인해 보세요.

1 지은이는 무엇을 보고 할머니 생각이 나서 편지를 썼나요?

내용
이해

　　　　바다　　　　　　　　　눈　　　　　　　　　낙엽

　　　（　　　）　　　　　　（　　　）　　　　　　（　　　）

2 지은이가 할머니 댁에서 한 일과 먹은 음식을 찾아 연결하세요.

내용
분석

　　할머니 댁에서 한 일　·　　　　　　·　호박잎과 옥수수

　　할머니 댁에서 먹은 음식　·　　　　　·　귀신 이야기 듣기

3 지은이가 할머니께 편지와 함께 보낸 것은 무엇인가요?　　　　　（　　　）

내용
이해

① 은행잎과 단풍잎을 그린 그림

② 호박잎과 옥수수

③ 놀이터에서 주운 낙엽

4 **보기** 의 뜻을 보고, 알맞은 낱말을 찾아 ◯표 하세요.

어휘
표현

보기	실의 두 끝을 묶어서 양쪽 손가락에 얽어 두 사람이 주고받으며 여러 가지 모양을 만드는 놀이.

　　　　술래잡기　　　　　　실뜨기　　　　　　공기놀이

2일 땅속 지도, 지하철 노선도

미리보기

서울역

전철역

풀잎

📢 오늘의 맞춤법 소리와 모양이 다른 여러 가지 말 2 [ㄹ] 소리가 덧나는 말

'서울역', '전철역'처럼 두 개의 낱말이 합쳐져서 하나의 낱말이 될 때 [ㄹ] 소리가 더해져 소리 나는 경우가 있어요. '서울역'은 [서울력], '전철역'은 [전:철력], '풀잎'은 [풀립]으로 발음해요.

띄어쓰기 학습

✎ 띄어 쓰는 부분을 확인하고, 또박또박 따라 쓰세요.

풀잎과 하늘이 보여요.

풀	잎	과	V	하	늘	이	V	보	여	요	.

✎ 문장의 순서에 맞게 빈칸에 알맞은 숫자를 쓰세요.

그려져   동그라미가   전철역   이름과   있어요.

(   )   (   )   (1)   (   )   (   )

맞춤법·어휘 학습

✎ 다음 그림을 보고, 빈칸에 알맞은 글자를 쓰세요.

월

일

1  ☐ + ☐ = 풀잎

2  ☐ + ☐ = 서울역

✎ 빈칸에 알맞은 낱말을 **보기** 에서 찾아 문장을 완성하세요.

보기   풀립   풀잎   전철역   전철력

1  을 밟지 않도록 조심하세요.

2 전철을 타러  에 갔어요.

✎ 다음 문장에서 빈칸에 들어갈 글자를 골라 ∨표 하세요.

1 알 ☐ 을 먹을 때는 물과 함께 삼켜요.   ➡ ☐ 약   ☐ 략

2 동생은 물 ☐ 이 쓰다고 울었어요.   ➡ ☐ 약   ☐ 략

색색깔의 선과 동글동글 점이 찍힌 지도도 있을까요? 바로 지하철 노선도랍니다.

지하철 노선도에는 **전철역**[*] 이름과 동그라미가 그려져 있어요. '1호선, 2호선'과 같은 전철 노선은 파란색, 초록색으로 구별해 놓았지요. 서울역같이 여러 노선이 지나는 환승역은 굵은 글씨로 진하게 표시되어 있어요. 노선이 다른 역으로 갈 때는 이런 환승역을 통해 갈아탈 수 있어요.

지하철을 타고 목적지에 가는 방법은 다음과 같아요. 먼저 목적지를 정하고, 지하철 노선도에서 어느 역들을 지나는지 확인해요. 지하철 표를 구입한 다음, 구입한 지하철 표를 **개찰구**[*]에 찍으면 **승강장**[*]에 들어가거나 나갈 수 있어요. 만약 교통 카드가 있으면 표를 구입하지 않아도 되지요.

지하철은 역에 따라서 땅 위로 올라와 풀잎과 하늘이 보이는 곳을 달리기도 하고, 캄캄한 땅속 터널을 달리기도 해요. 목적지 역 이름을 알리는 안내 방송이 나오고 지하철이 멈추면 천천히 내려요.

지하철 여행! 할 수 있겠지요? 그럼 이제 땅속 지도 지하철 노선도를 가방 속에 챙겨요.

* **전철역**: 전철 노선의 역.
* **개찰구**: 차표나 입장권을 들어가는 입구에서 검사하고 사람들을 안으로 받아들이는 곳.
* **승강장**: 정거장이나 정류소에서 차를 타고 내리는 곳.

✎ 다음 중에서 적절한 발음을 찾아 ○표 하고, 소리 내어 읽어 보세요.

1 알약

아략	알략

2 서울역

서울력	서우력

✎ 읽은 글의 내용을 확인해 보세요.

1 이 글에서 설명하지 <u>않은</u> 것에 ◯표 하세요.

내용
이해

지하철을 타고 목적지에 가는 방법

(   )

각 지역의 지하철 이용 요금

(   )

2 지하철을 타는 순서 중 ㉠에 들어갈 내용으로 알맞은 것은 무엇인가요? (   )

내용
적용

목적지 정하기 ➡ ㉠ ➡ **지하철 표 구입하기** ➡ **개찰구에 표를 찍고 들어가기**

① 개찰구에 표를 찍고 나오기

② 목적지를 알리는 안내 방송 듣기

③ 지하철 노선도에서 어느 역들을 지나는지 확인하기

3 이 글의 내용으로 알맞지 <u>않은</u> 것은 무엇인가요? (   )

내용
분석

① 지하철은 항상 땅속으로만 다닌다.

② 전철 노선은 색으로 구별되어 있다.

③ 환승역은 굵은 글씨로 진하게 표시되어 있다.

4 **보기** 에서 잘못 쓴 낱말을 바르게 고쳐 쓰세요.

어휘
표현

보기　　　　지하철 표를 **게찰구**에 찍으면 승강장에 들어갈 수 있어요.

3^일 비를 표현하는 말

햇살

나뭇가지

빗방울

📢 **오늘의 맞춤법** 소리와 모양이 다른 여러 가지 말 2 | **사이시옷이 붙는 말 1**

두 낱말이 합쳐서 한 낱말이 될 때 낱말과 낱말 사이에 ㅅ 받침을 넣은 낱말들이 있어요. 이러한 낱말들을 읽을 때 뒷말의 첫소리 'ㄱ, ㄷ, ㅂ, ㅅ'은 [ㄲ, ㄸ, ㅃ, ㅆ]으로 소리 나요. '햇살'은 [해쌀/핻쌀], '빗방울'은 [비빵울/빋빵울], '나뭇가지'는 [나무까지/나묻까지]로 발음해요.

띄어쓰기 학습

✏️ 띄어 쓰는 부분을 확인하고, 또박또박 따라 쓰세요.

빗방울이 송알송알 맺혀요.

빗	방	울	이	∨	송	알	송	알	∨	맺	혀	요	.

✏️ 문장의 순서에 맞게 빈칸에 알맞은 숫자를 쓰세요.

비쳐요.　　　비가　　　햇살이　　　그치고

(　　) (　1　) (　　) (　　)

맞춤법·어휘 학습

✎ 다음 그림을 보고, 알맞은 글자를 쓰세요.

1    비 + 방울 =

2    나무 + 가지 =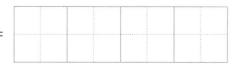

✎ 다음 그림을 보고, 맞춤법에 맞는 문장을 찾아 연결하세요.

1    •

2    •

• 책상 위로 해살이 비쳐요.

• 책상 위로 햇살이 비쳐요.

• 나뭇가지가 부러졌다.

• 나무가지가 부러졌다.

✎ 다음 밑줄 친 부분을 맞춤법에 맞게 고쳐 빈칸에 쓰세요.

1 창밖으로 후드득후드득 <u>비쏘리가</u> 나요.   ➡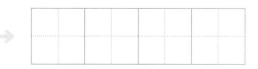

2 <u>비짜루로</u> 마당을 쓸어요.   ➡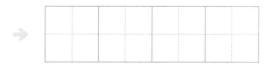

지문 듣기

비의 모양과 빗소리를 나타내는 말을 알아볼까요?

조용히 내리는 봄비나 이슬비는 보슬보슬 내려요. 빗방울이 가늘지만 이슬비보다는 조금 굵은 가랑비는 부슬부슬 내린다고 해요. 갑자기 세게 쏟아지는 소나기는 주룩주룩, 축축하게 종일 내리는 비나 **진눈깨비**[*]는 추적추적 내린다고 하지요. 빗줄기가 장대처럼 굵고 거세게 오는 장대비는 좍좍 쏟아져요. 보슬보슬, 부슬부슬, 주룩주룩, 추적추적, 좍좍! 빗방울의 느낌이 전해지지요?

비가 그치고 **햇살**[*]이 비치면 나뭇가지 사이에는 빗방울이 송알송알 맺혀요. 하늘에는 일곱 빛깔 아름다운 무지개가 뜰 때도 있어요. '가랑비에 옷 젖는 줄 모른다'라는 속담 들어 보았나요? 사소한 것이라도 반복되면 무시하지 못할 정도로 크게 된다는 뜻이에요. 아름다운 비의 이름과 비의 소리나 모양을 흉내 내는 말, 비에 얽힌 속담도 하나씩 알아 두면 가랑비에 옷 젖는 줄 모르게 지식이 쌓일 거예요.

＊**진눈깨비**: 비가 섞여 내리는 눈.
＊**햇살**: 해에서 나오는 빛의 줄기.

✎ 다음 중에서 적절한 발음을 찾아○표 하고, 소리 내어 읽어 보세요.

| 1 | 빗소리 | 비쏘리/빋쏘리 | | 비소리/빋소리 | |

| 2 | 햇살 | 해쌀/핻쌀 | | 해살/핻살 | |

✎ 읽은 글의 내용을 확인해 보세요.

1 이 글은 무엇에 대해 설명하는 글인지 알맞은 것에 ○표 하세요.

중심
생각

비가 오는 이유　　　　**빗소리를 듣는 방법**　　　　**비의 모양과 소리**

　　(　　　)　　　　　　　　(　　　)　　　　　　　　(　　　)

2 이 글에 나온 비의 이름과 비의 소리나 모양을 흉내 내는 말을 알맞게 연결하세요.

내용
이해

이슬비　·　　　　　　　　　　　　　　　·　**주룩주룩**

장대비　·　　　　　　　　　　　　　　　·　**보슬보슬**

소나기　·　　　　　　　　　　　　　　　·　**좍좍**

3 비가 그치고 햇살이 비치면 볼 수 있는 것은 무엇인가요?　　　　　(　　　)

내용
적용

① 바짝 마른 나뭇가지

② 몰려오는 먹구름

③ 일곱 빛깔 무지개

4 다음 속담의 빈칸에 들어갈 알맞은 낱말에 ○표 하세요.

어휘
표현

| | | |에 옷 젖는 줄 모른다.

가랑비　　　　　　　　**장대비**　　　　　　　　**소나기**

4^일 스마트 농장에 다녀와서

미리보기

고춧잎

깻잎   배춧잎

📢 오늘의 맞춤법) 소리와 모양이 다른 여러 가지 말 2   사이시옷이 붙는 말 2

'고추'와 '잎'이 합쳐져 한 낱말이 될 때 '고춧잎' 같이 앞말에 ㅅ 받침을 넣어요. 읽을 때는 뒷말의 첫소리가 모음이면 [ㄴ]이 더해져서 소리 나요. '고춧잎'은 [고춘닙], '깻잎'은 [깬닙], '배춧잎'은 [배:춘닙]으로 발음해요.

(띄어쓰기 학습)

✎ 띄어 쓰는 부분을 확인하고, 또박또박 따라 쓰세요.

깻잎과 배춧잎으로 만들었다.

깻	잎	과	∨	배	춧	잎	으	로	∨	만	들	었	다	.

✎ 문장의 순서에 맞게 빈칸에 알맞은 숫자를 쓰세요.

나뭇잎   배가   내가   빨랐다.   만든

(   ) (   ) (1) (   ) (   )

맞춤법·어휘 학습

✎ 다음 문장에 알맞은 말을 골라 ○표 하세요.

1  감기에 걸려서 **코물**　　**콧물**　이 나와요.

2  엄마가 **깨잎**　　**깻잎**　으로 나물을 무쳐요.

✎ 다음 문장에 들어갈 알맞은 말을 골라 ○표 하고, 빈칸에 쓰세요.

1 **나무잎**　　**나뭇잎** 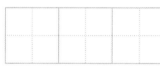이 우수수 떨어졌어요.

2 **배추잎**　　**배춧잎**

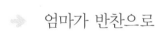 엄마가 반찬으로 을 싸 줬어요.

✎ 빈칸에 알맞은 낱말을 **보기** 에서 찾아 문장을 완성하세요.

보기　　고춧잎　　　고추잎　　　깻잎　　　깨잎

1 언니는 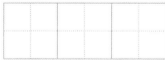으로 배를 만들었다.

2 나는 채소 중에서 을 제일 좋아한다.

📖 정답 **15**쪽

지문 듣기

체험 학습 보고서

성명	하동비	배움 초등학교 2 학년 5 반	
체험 장소	스마트 농장	함께한 사람	사촌 형
체험 기간	20✳✳년 6 월 18 일		

체험 학습 내용

삼촌이 스마트 농장을 보여 주신다고 하여 사촌 형과 함께 농장에 갔다.

비닐하우스*에 들어가자, 깨, 고추, 배추 같은 채소들이 줄 맞춰서 자라고 있었다. 겉보기에는 다른 농장과 똑같아 보였다. 그런데 삼촌이 보여 주신 **태블릿 피시***를 보니, 컴퓨터 게임처럼 **그래프***가 그려져 있었다. 이곳은 컴퓨터 시스템으로 식물이 잘 자라도록 온도와 습도 등을 조절하는 농장이라고 한다. 삼촌이 호스로 물을 주자, 물기를 머금은 깻잎, 고춧잎, 배춧잎이 더 맛있어 보였다.

갓 따 온 채소로 점심을 맛있게 먹고 개울에서 놀았다. 사촌 형이 나뭇잎 배 만드는 법을 가르쳐 주었다. 나는 깻잎과 배춧잎으로 배를 만들었는데 내가 만든 배가 훨씬 빨랐다. 나는 스마트 농장에서 온 잎이라서 똑똑하다고 자랑했다.

＊**비닐하우스**: 비닐로 바깥을 가리고 식물을 재배하는 곳.
＊**태블릿 피시**: 터치스크린으로 쉽게 조작하는 작은 휴대용 컴퓨터.
＊**그래프**: 여러 가지 자료를 분석하여 그 변화를 한눈에 알아볼 수 있도록 나타내는 직선이나 곡선.

✎ 다음 중에서 적절한 발음을 찾아 ○표 하고, 소리 내어 읽어 보세요.

1 나뭇잎

나무입	나묻닙

2 고춧잎

고춛닢	고춘닙

✎ 읽은 글의 내용을 확인해 보세요.

1 동비는 사촌 형과 어디에 갔는지 빈칸에 알맞은 말을 쓰세요.

중심
생각

➡ 삼촌이 일하는 ☐☐☐☐ ☐☐☐ 에 갔어요.

2 이 글에 등장하지 <u>않은</u> 잎을 골라 ○표 하세요.

내용
이해

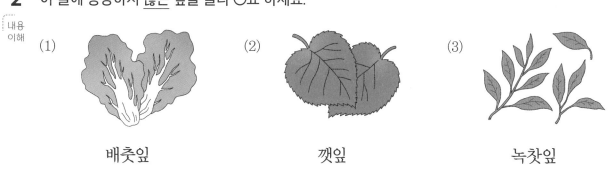

(1) 배춧잎　　　(2) 깻잎　　　(3) 녹찻잎

3 이 글의 내용으로 알맞지 <u>않은</u> 것은 무엇인가요?　　　　　(　　)

내용
분석

① 스마트 농장은 컴퓨터로 온도와 습도를 조절한다.

② 모든 스마트 농장에서는 고추와 배추만을 재배한다.

③ 동비는 깻잎으로 배를 만들었다.

4 보기 의 뜻을 보고, 알맞은 낱말을 찾아 ○표 하세요.

어휘
표현

보기　　　여러 가지 자료를 분석하여 그 변화를 한눈에 알아볼 수 있도록
나타내는 직선이나 곡선.

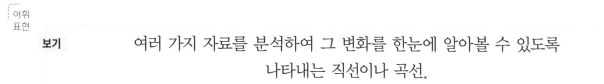

태블릿 피시　　　　　　표　　　　　　그래프

내 사랑 벨루가

📢 **오늘의 맞춤법** 소리와 모양이 다른 여러 가지 말 2 　 거센소리로 소리 나는 말

ㅎ 받침 뒤에 'ㄱ, ㄷ, ㅈ'이 오면 ㄱ은 [ㅋ], ㄷ은 [ㅌ], ㅈ은 [ㅊ]으로 소리 나요. '동그랗다'는 [동그라타], '하양다'는 [하:야타], '좋다'는 [조:타]로 발음해요.

> 띄어쓰기 학습

✎ 띄어 쓰는 부분을 확인하고, 또박또박 따라 쓰세요.

벨루가는 하얗다는 뜻이다.

| 벨 | 루 | 가 | 는 | ∨ | 하 | 얗 | 다 | 는 | ∨ | 뜻 | 이 | 다 | . |

✎ 문장의 순서에 맞게 빈칸에 알맞은 숫자를 쓰세요.

물속에서　　　보면　　　벨루가는　　　하얗지만　　　파랗다.

(　　) (　　) (　　) (2) (　　)

맞춤법·어휘 학습

✎ 다음 문장에서 알맞은 말을 골라 ○표 하세요.

1  바다와 하늘이 모두 **파랗다** **하얗다** .

2  내 풍선은 **동그랗고** **네모나고** 빨간색이다.

✎ 다음 문장에 들어갈 알맞은 말을 골라 ○표 하고, 빈칸에 쓰세요.

1 **뿌여타** **뿌옇다** → 안개가 끼어 앞이

2 **하얗고** **하야코** → 눈사람이 크다.

✎ 다음 문장에서 밑줄 친 글자에 알맞은 받침을 연결하세요.

· ㅂ

1 동생과 나는 사이<u>조</u>게 지내요. ·

· ㅎ

· ㅅ

2 나는 밥이 <u>조</u>다! ·

· ㅎ

받아쓰기 시험을 보고 나서 고민이 많아졌다. 선생님이 '파라타'라고 발음해서 그렇게 썼는데 틀려 버렸다. '하야타', '동그라타', '조타'도 마찬가지였다. 시험지에 빨간 비가 내렸다.

토요일에 그 시험지를 들여다보고 있는데 아빠가 **아쿠아리움***에 가자고 하셨다.

"받아쓰기 연습해야 해요."

나는 빨간 줄이 죽죽 그어진 시험지를 숨겼다. 그때 형이 내 시험지를 낚아챘다.

"하하! 너 ㅎ 받침 뒤에서 거센소리 나는 거 몰라?"

휴, 형이 내 자존심을 벅벅 긁었다.

결국 아빠까지 내 시험지를 보고 말았다.

"로운이는 아쿠아리움에 가야겠네! 로운이가 좋아하는 **벨루가***를 보면 이거 다 기억하겠는걸?"

"네? 벨루가가 받아쓰기랑 무슨 상관인데요?"

"파랗다, 하얗다, 동그랗다, 좋다! 이게 다 벨루가 얘기잖니?"

그러고 보니 내가 좋아하는 벨루가는 하얗지만 물속에서 보면 파랗고, 이마는 동그랗다.

"아빠! 아빠 말씀이 맞아요. 어서 제가 좋아하는 하얀 벨루가를 보러 가요!"

* **아쿠아리움**: 물속에 사는 동식물을 관찰하고 체험할 수 있도록 대형 수족관을 다양하게 갖추어 놓은 곳.
* **벨루가**: 흰고래. 알래스카, 캐나다, 그린란드 등 북극해에 살며 고음의 휘파람 소리를 내고 무리 생활을 함.

✎ 다음 중에서 적절한 발음을 찾아 ◯표 하고, 소리 내어 읽어 보세요.

1	좋다	조:타		좁다	
2	동그랗다	동그라다		동그라타	

✎ 읽은 글의 내용을 확인해 보세요.

1 이 글에서 로운이가 좋아하는 것으로 알맞은 것에 ○표 하세요.

> 중심
> 생각

벨루가	물개	상어
( )	( )	( )

2 이 글에 나타난 벨루가의 특징이 <u>아닌</u> 것은 무엇인가요? (   )

> 내용
> 이해

① 아쿠아리움에 살고 있다.

② 이마는 동그랗다.

③ 몸 색깔은 항상 파랗다.

3 아빠 말씀이 맞다고 생각한 로운이는 어떻게 했을지 알맞은 것에 ○표 하세요.

> 창의

(1) 아빠와 함께 아쿠아리움에 가서 벨루가를 보았다. (   )

(2) 아쿠아리움에 가지 않고 집에서 받아쓰기 연습을 했다. (   )

4 다음과 같은 뜻의 낱말을 이 글에서 찾아 쓰세요.

> 어휘
> 표현

물속에 사는 동식물을 관찰하고 체험할 수 있도록
대형 수족관을 다양하게 갖추어 놓은 곳.

수수께끼 낱말 퍼즐을 맞혀라!

✎ 수수께끼를 읽고 알맞은 답을 글자판에서 찾아 ◯로 묶으세요.

Tip 가로 또는 세로로 이어지는 낱말을 찾을 수 있어요.

란	뭉	깻	갯	콧	난
단	풍	잎	입	물	스
나	뭇	가	지	시	좀
사	옷	윗	하	얌	다
전	무	전	철	역	활

가로 열쇠 수수께끼

1. 가을에 붉거나 누런빛으로 물든 잎.

2. 나무줄기에서 뻗어 나는 가지.

3. 눈이나 밀가루와 같이 밝고 희다.

4. 전철 노선의 역.

세로 열쇠 수수께끼

1. 들깻잎과 참깻잎을 통틀어 이르는 말.

2. 지하 철도 위를 달리는 전동차.

3. 보통 이상의 수준이어서 만족할 만하다.

4. 콧구멍에서 흘러나오는 액체.

📖 정답 **27쪽**

4주

1일 혹부리 영감

📢 **오늘의 맞춤법** 잘못 쓰기 쉬운 말 1 　윗/웃

'윗-'은 '윗마을'처럼 다른 낱말과 합쳐져 아래, 위의 쌍이 있을 때 써요. '웃-'은 '웃어른'처럼 아래, 위의 쌍이 없을 때 써요. '웃어른'은 [우더른], '윗마을'은 [윈마을]로 발음해요.

[띄어쓰기 학습]

✎ 띄어 쓰는 부분을 확인하고, 또박또박 따라 쓰세요.

영감은 처마 아래에 있었어요.

영	감	은	∨	처	마	∨	아	래	에	∨	있	었	어	요	.

✎ 문장의 순서에 맞게 빈칸에 알맞은 숫자를 쓰세요.

영감은　　　윗마을　　　났어요.　　　욕심이　　　혹부리

(　　) (　1　) (　　) (　　) (　　)

맞춤법·어휘 학습

✎ 다음 문장에서 알맞은 말을 골라 ○표 하세요.

1　　　　설날에　　**웃어른**　　　　**윗어른**　　께 세배를 해요.

2　　　　인사할 때는　　**아래**　　　　**아랫**　　로 공손히 고개를 숙여요.

✎ 다음 문장의 빈칸에 알맞은 말을 찾아 연결하세요.

1　강아지가 의자 아　　　에 숨었어요.　·　　　　　　　　·　**랫**

2　우리 이모는 아　　　마을에 살아요.　·　　　　　　　　·　**래**

✎ 다음 밑줄 친 부분을 맞춤법에 맞게 고쳐 빈칸에 쓰세요.

1　위에 입는 옷은 <u>위옷</u>이에요.　　　　➡　

2　가장 겉에 입는 옷은 <u>웃옷</u>이에요.　　➡　

아랫마을에 마음씨 곱고 노래 잘하는 영감이 살았어요. 목에 주먹만 한 혹이 달랑달랑 달려 있었지만, 사람들은 영감을 좋아했어요.

　　하루는 영감이 나무를 하러 산에 갔다가 비를 만났어요. 비를 피해 빈집에 들어간 영감은 **처마*** 아래에서 노래를 불렀어요.

　　그러자 영감 눈앞에 도깨비들이 우르르 나타났어요.

　　"영감! 그 고운 노랫소리는 어디서 나오지?"

　　혹부리 영감은 **얼떨결***에 "목에 달린 혹에서 나오지요."라고 했어요.

　　도깨비들은 방망이로 뚝딱 영감의 혹을 떼고, **금은보화***를 잔뜩 주었어요.

　　이 얘기를 들은 욕심 많은 윗마을 혹부리 영감은 질투가 났어요.

　　'내가 더 웃어른인데 나라고 혹을 못 뗄 게 뭐야?'

　　윗마을 영감은 빈집에 가서 노래를 부르고 도깨비를 만나자 똑같이 말했어요.

　　"내 노랫소리는 이 혹에서 나오지요!"

　　도깨비들은 윗마을 영감에게 "거짓말쟁이! 욕심쟁이!" 하며 혹을 하나 더 붙여 주었답니다.

* **처마**: 한옥에서 지붕이 건물 밖으로 내민 부분.
* **얼떨결**: 뜻밖의 일을 갑자기 당하거나, 여러 가지 일이 너무 복잡하여 정신을 차리지 못함.
* **금은보화**: 금, 은, 옥, 진주 등 매우 귀중한 물건.

✎ 다음 중에서 적절한 발음을 찾아 ◯표 하고, 소리 내어 읽어 보세요.

1　　웃어른　　　　　　　우더른　　　　　　　우서른

2　　윗마을　　　　　　　윙마을　　　　　　　윈마을

✎ 읽은 글의 내용을 확인해 보세요.

1 이 글에 나온 인물과 인물의 특징을 알맞게 연결하세요.

내용
이해

윗마을에 사는 혹부리 영감 •   • **마음씨가 고와요.**

아랫마을에 사는 혹부리 영감 •   • **욕심이 많아요.**

2 아랫마을 혹부리 영감에 대한 설명으로 알맞지 <u>않은</u> 것은 무엇인가요? (   )

내용
분석

① 혹을 떼려고 거짓말을 했다가 혹 하나를 더 얻었다.

② 목에 주먹만 한 혹이 달랑달랑 달려 있었다.

③ 노래를 잘하고 마음씨가 고와 사람들이 좋아했다.

3 도깨비들이 윗마을 영감에게 혹을 하나 더 붙여 준 이유로 알맞은 것에 ○표 하세요.

내용
적용

(1) 노랫소리가 혹에서 나오는 것이 아님을 알았기 때문이다. (   )

(2) 노래를 더 잘하려면 여러 개의 혹이 필요했기 때문이다. (   )

4 보기 에서 잘못 쓴 낱말을 바르게 고쳐 쓰세요.

어휘
표현

보기   도깨비들이 혹부리 영감에게 <u>그믄보화</u>를 잔뜩 주었어요.

2^일 불, 불, 불조심!

반듯이

반드시

📢 오늘의 맞춤법 · 잘못 쓰기 쉬운 말 1 　반드시/반듯이, 되-/돼-

'반드시'는 '틀림없이 꼭.'이라는 뜻이고, '반듯이'는 '비뚤어지지 않고 바르게.'라는 뜻이에요. '되-'는 '다른 것으로 바뀌거나 변하다.'라는 뜻이고, '돼-'는 '되어'를 줄인 말이에요.

띄어쓰기 학습

✎ 띄어 쓰는 부분을 확인하고, 또박또박 따라 쓰세요.

불을 껐는지 반드시 확인해요.

불	을	∨	껐	는	지	∨	반	드	시	∨	확	인	해	요.

✎ 문장의 순서에 맞게 빈칸에 알맞은 숫자를 쓰세요.

돼요.	어른과	반드시	함께해야
(　　)	(1)	(　　)	(　　)

맞춤법·어휘 학습

✎ 빈칸에 알맞은 낱말을 보기 에서 찾아 문장을 완성하세요.

보기   반듯이   반드시

1 이불을 덮고 ⬚⬚⬚ 누웠어요.

2 초를 쓰고 나서는 ⬚⬚⬚ 불이 꺼졌는지 확인해요.

✎ 빈칸에 알맞은 회색 글자를 따라 쓰고 문장을 완성하세요.

1  밥이 참 먹음직스럽게 | 되 | 었 | 어 | 요 |.

2  가스레인지는 주의해서 사용해야 | 돼 | 요 |.

✎ 자연스러운 문장이 되도록 앞과 뒤를 연결하세요.

반드시 ·

1
                                              · 기억해요!
반듯이 ·

                                              · 되요.

2   조심해야 ·

                                              · 돼요.

지문 듣기

불은 우리 생활에 꼭 필요해요. 요리할 때, 추울 때 우리는 불을 활용한 도구를 사용하지요. 가정에서 가스레인지나 라이터, 향초 등을 사용할 때 어떻게 조심해야 될까요?

첫째, 불의 사용은 어린이 혼자서 하지 않고 어른과 반드시 함께해야 돼요.

둘째, 주변에 종이, 가스용품, 전기용품 등 불 붙기 쉬운 것이 있는지 확인해요.

셋째, 불을 사용한 후 완전히 껐는지 반드시 확인하고 창문을 열어 환기시켜요.

불은 조심해서 사용하면 우리 생활에 꼭 필요한 도구가 될 수 있어요.

학교나 가정에서 **화재***가 나면 어떻게 해야 할까요? '불이야' 하고 소리치면서 선생님이나 부모님 등 어른들에게 알리고, 소방서에 신고해요. **소화기***로 불을 신속히 끌 수도 있지만, 어린이들은 그렇게 행동하면 위험할 수 있으니 불이 난 곳에서 멀리 떨어져야 해요. 화재는 우리 집뿐 아니라 이웃에도 위험할 수 있으니 항상 조심해요. 불, 불, 불조심! 잊지 말아요.

* **화재**: 불로 인한 재난.
* **소화기**: 불을 끄는 기구.

✎ 다음 중에서 적절한 발음을 찾아 ◯표 하고, 소리 내어 읽어 보세요.

1 되다 | 되다/돼다 | 대다

2 반드시 | 반듯이 | 반드시

✎ 읽은 글의 내용을 확인해 보세요.

1 이 글의 내용을 바탕으로 불을 활용하는 도구를 모두 골라 ○표 하세요.

내용
이해

(1)

가스레인지

(2)

향초

(3)

선풍기

2 불과 관련된 물건에 대한 설명으로 알맞은 것을 연결하세요.

내용
분석

종이, 가스용품, 전기용품 •   • 불을 끄는 데 사용해요.

소화기 •   • 불이 붙기 쉬워요.

3 화재가 나면 어린이들이 해야 하는 행동은 무엇인가요?   (   )

내용
적용

① 불이 난 곳에 가까이 가서 불을 끈다.

② 화재에서 사람들을 구해 주는 소방관이 된다.

③ 선생님이나 부모님 등 어른에게 알리고 119에 신고한다.

4 다음 빈칸에 들어갈 알맞은 말에 ○표 하세요.

어휘
표현

꺼진 불도 다시 보자, 자나 깨나 ☐☐☐ !

개 조심   불조심

3일 광복절의 의미

오늘의 맞춤법 잘못 쓰기 쉬운 말 1 　잊다/잃다, 업다/없다

'잊다'는 기억이 없어졌을 때, '잃다'는 물건이 없어졌을 때 써요. '잊다'는 [읻따], '잃다'는 [일타]로 소리 나요.
'업다'는 '사람이나 동물을 등에 붙어 있게 하다.'라는 뜻이고, '없다'는 '사람, 동물, 물건 등이 있지 않다.'라는
뜻이에요.

[띄어쓰기 학습]

✎ 띄어 쓰는 부분을 확인하고, 또박또박 따라 쓰세요.

광복절의 의미, 잊지 말아요.

광	복	절	의	∨	의	미	,		잊	지	∨	말	아	요	.

✎ 문장의 순서에 맞게 빈칸에 알맞은 숫자를 쓰세요.

나라를	의미일까요?	것은	잃는다는	어떤
(1) 광복절	( )	( )	( )	

맞춤법·어휘 학습

✎ 다음 문장에서 알맞은 말을 골라 ○표 하세요.

1  내 생일을 **잊다니** **잃다니** , 너무해!

2  사탕을 샀는데 그만 **잊어버렸어** **잃어버렸어** .

✎ 빈칸에 알맞은 회색 글자를 따라 쓰고 문장을 완성하세요.

1  아빠가 동생을  걸었어요.

2  바구니에 과일이  .

✎ 앞의 말에 이어질 알맞은 말을 연결하세요.

· 잃었어요.

1 약속을 ·

· 잊었어요.

· 없어요.

2 일요일에는 수업이 ·

· 업어요.

나라를 잃는다는 것은 어떤 의미일까요? 나라를 잃으면 학교에서 우리말과 우리 글을 쓰지 못하고, 다른 나라 말로 공부할 수도 있어요. 땅과 농사지은 농작물을 빼앗기고 어른들은 전쟁에 나가게 될 수도 있지요.

1910년 8월 22일, 우리는 이 날 나라를 잃었어요. 내각총리대신 이완용과 일본 통감 테라우치가 **한일병합조약***을 맺어 우리나라가 일본의 **식민지***가 됐어요. 이후 우리나라 사람들은 1945년 8월 15일, 광복 전까지 말할 수 없는 고통을 겪었어요. 안중근, 유관순, 윤봉길, 이봉창 등 우리가 아는 독립운동가 말고도 수많은 사람들이 독립을 위해 목숨을 바쳐 노력했어요.

광복이 이루어져 우리는 우리 땅에서 우리말을 쓰며 우리 이름으로 살고 있어요. 나라를 잃은 식민지 백성이 아니라 우리나라 국민으로 살아가는 것이 얼마나 소중한지 기억해요. 광복절의 의미, 잊지 말아야겠어요.

* **한일병합조약**: 1910년에 우리나라가 일본과 맺은 조약. 대한제국의 통치권을 일본에게 넘겨주고, 합병을 수락한다는 내용.
* **식민지**: 정치적·경제적으로 다른 나라에 속하여 국가로서의 주권을 잃어버린 나라.

✎ 다음 중에서 적절한 발음을 찾아 ○표 하고, 소리 내어 읽어 보세요.

1 없는   엄:는   업는

2 잃는   일른   이는

✎ 읽은 글의 내용을 확인해 보세요.

1 광복절의 의미로 알맞은 것은 무엇인가요? (   )

중심
생각

① 우리나라가 일본의 식민지가 된 것을 기념하는 날이다.

② 일본으로부터 나라를 되찾은 것을 기념하는 날이다.

③ 독립운동가의 생일을 기념하는 날이다.

2 1910년 8월 22일에 우리나라에 벌어진 일로 알맞은 것에 ○표 하세요.

내용
이해

(1) 우리나라가 일본의 식민지가 되었어요. (   )

(2) 우리말과 우리글을 자유롭게 쓰게 되었어요. (   )

3 만약 내가 식민지 백성이 된다면 겪을 수 있는 일이 <u>아닌</u> 것은 무엇인가요? (   )

내용
적용

① 우리 땅에서 자유로운 우리나라 국민으로 산다.

② 학교에서 우리말을 쓰지 못하고 다른 나라 말로 공부한다.

③ 땅과 농사지은 농작물을 빼앗긴다.

4 이 글에서 보기 의 사람들을 뜻하는 낱말을 찾아 빈칸에 쓰세요.

어휘
표현

보기   안중근   유관순   윤봉길   이봉창

4일 왜 새벽에 안개가 자주 낄까?

📢 오늘의 맞춤법 | 잘못 쓰기 쉬운 말 1 | **걷히다/거치다, 닫히다/다치다**

'걷히다'와 '거치다'는 모두 [거치다]로 소리 나지만 뜻은 달라요. '걷히다'는 '구름이나 안개가 흩어져 없어지다.', '거치다'는 '도중에 어디를 지나거나 들르다.'라는 뜻이에요. '닫히다'는 '문, 뚜껑 등이 제자리로 가게 되다.'라는 뜻이고, '다치다'는 '몸에 상처가 생기다.'라는 뜻이에요.

(띄어쓰기 학습)

✎ 띄어 쓰는 부분을 확인하고, 또박또박 따라 쓰세요.

다칠 수 있으니 조심해요.

다	칠	∨	수	∨	있	으	니	∨	조	심	해	요	.

✎ 문장의 순서에 맞게 빈칸에 알맞은 숫자를 쓰세요.

기다려요.　　　안개가　　　때까지　　　걷힐

(　)　(1)　(　)　(　)

맞춤법·어휘 학습

✎ 다음 문장에서 맞춤법에 맞는 말을 골라 ○표 하고, 빈칸에 바르게 쓰세요.

월

1 일요일이라 교문이 **다쳐**　　　**닫혀**　　있었어요.　　➡

일

2 자전거를 타다 넘어져서 다리를 **다쳤**　　　**닫혔**　　어요.

➡

✎ 앞의 말에 이어질 알맞은 말을 연결하세요.

1 먹구름은 곧　　・　　　　　　　　　　　・　　**걷힐 거예요.**

2 가는 길에 약국을　・　　　　　　　　　　・　　**거칠 거예요.**

✎ 빈칸에 알맞은 낱말을 보기 에서 찾아 문장을 완성하세요.

보기　　　　걷히다　　　　거치다　　　　닫히다　　　　다치다

1 바람에 창문이 저절로

2 화장실에 가려고 복도를

3 빗길에 미끄러져서 무릎을

독해력 학습 왜 새벽에 안개가 자주 낄까?

　아침 등굣길에 자욱하게 낀 안개를 본 적 있나요? 안개는 새벽이나 이른 아침에 자주 생겨요. 왜 그럴까요?

　해가 뜨기 직전에 땅은 차갑게 식어요. 공기 중에 있던 **수증기**[*]가 차가운 땅과 만나면 작은 물방울이 되어 지표면 가까이에 떠 있게 되는데, 이것이 바로 안개예요. 수증기가 풀잎이나 나뭇가지에 물방울이 되어 맺히는 것은 이슬이지요. 공기가 하늘로 올라가면서 점점 차가워지면 수증기가 물방울이나 얼음 결정이 되어 하늘 높이 떠 있게 되는데, 그것이 바로 구름이에요. 안개와 이슬과 구름은 같은 물방울인데 생기는 위치와 물방울의 크기가 서로 다르지요.

　이제 새벽에 안개가 끼는 이유를 알았나요? 안개가 끼는 이유는 또 여러 가지가 있는데, 최근에는 미세 먼지나 **황사**[*] 등도 안개가 만들어지는 데 영향을 미치기도 해요. 안개가 끼면 앞이 뿌옇게 보이지 않아요. 다칠 수 있으니 안개가 걷힐 때까지 조심하세요.

＊ **수증기**: 물이 열을 받아서 공기와 같은 기체 상태로 된 것.
＊ **황사**: 중국의 사막이나 황토 지대에서 가는 모래가 강한 바람에 날아올랐다가 내려앉는 현상.

✎ 다음 중에서 적절한 발음을 찾아 ○표 하고, 소리 내어 읽어 보세요.

1　닫히다 　　　닷히다 　　　 다치다

2　걷히다 　　　것히다 　　　 거치다

✎ 읽은 글의 내용을 확인해 보세요.

1 이 글은 무엇에 대한 글인지 알맞은 것에 ○표 하세요.

중심
생각

여우비   안개   함박눈

(   )   (   )   (   )

2 안개에 대한 설명으로 알맞지 <u>않은</u> 것은 무엇인가요?   (   )

내용
이해

① 새벽에 차가워진 땅과 수증기가 만나 작은 물방울이 되어 떠 있다.

② 아침에 풀잎이나 나뭇가지에 송글송글 맺힌다.

③ 미세 먼지나 황사 등도 안개가 만들어지는 데 영향을 미친다.

3 안개와 이슬과 구름의 공통점과 차이점을 알맞게 연결하세요.

내용
분석

공통점   •   • 생기는 위치와 물방울의 크기

차이점   •   • 수증기가 변해서 만들어진 물방울

4 보기의 뜻을 보고, 다음 문장에 알맞은 낱말을 쓰세요.

어휘
표현

보기   물이 열을 받아서 공기와 같은 기체 상태로 된 것.

가 뜨거우니 조심하세요.

 은혜 갚은 까치

오늘의 맞춤법 잘못 쓰기 쉬운 말 1 | 빗/빛/빚, 맞다/맞이하다

'빗, 빚, 빛'은 모두 [빋]으로 소리 나지만 뜻이 달라요. '빗'은 머리를 빗는 도구이고, '빚'은 '갚아야 할 돈이나 은혜', '빛'은 '태양이나 불 등에서 밝게 비치는 현상'을 뜻해요. '맞다'는 '쏘거나 던진 물건이 어딘가에 닿다.' 라는 뜻이고, '맞이하다'는 '오는 것을 맞다.'라는 뜻이에요.

(띄어쓰기 학습)

✎ 띄어 쓰는 부분을 확인하고, 또박또박 따라 쓰세요.

이제 빚을 갚았습니다.

이	제	∨	빚	을	∨	갚	았	습	니	다	.

✎ 문장의 순서에 맞게 빈칸에 알맞은 숫자를 쓰세요.

머리를　　　　긴　　　빗었다.　　　빗으로　　　여인이

(　　　) (　2　) (　　　) (　　　) (　　　)

맞춤법·어휘 학습

✎ 다음 그림에 알맞은 낱말을 골라 ○표 하세요.

1

빗   빛

2

빗   빛

✎ 바르게 쓴 말을 골라 ○표 하고, 빈칸에 쓰세요.

1

까치가 화살에   **맞다**   **맡다**   .

2

새 친구를 반갑게   **마지하다**   **맞이하다**   .

✎ 자연스러운 문장이 되도록 앞과 뒤를 연결하세요.

1   빗을   •

    빚을   •

         •   갚아요.

         •   **맞았다.**

2   주사를   •

         •   **맞이했다.**

한 선비가 산길을 걷다가 커다란 구렁이가 **똬리**[*]를 틀고 까치 새끼들을 삼키려는 것을 보았어요. 선비는 얼른 구렁이에게 활을 쏘아 까치 새끼들을 구해 주었어요.

밤이 되어 캄캄해지자 선비는 불 켜진 집에 하룻밤 묵어가기로 했어요. 긴 머리를 빗으로 빗던 어여쁜 여인이 선비를 맞이했어요.

선비는 여인이 차려 준 밥을 먹고 잠이 들었어요. 그런데 갑자기 숨이 막히고 답답했어요. 선비가 눈을 떠 보니 구렁이가 온몸을 조이고 있었어요.

"남편의 **원수**[*]! 매일 머리카락을 곱게 ㉠빗으며 네가 오기만을 기다렸다. ㉡빛이 들기 전 종이 세 번 울리지 않으면 너를 잡아먹겠다."

선비는 구렁이의 말을 듣고 호통쳤어요.

"허허, 빗, 빚, 빛은 소리는 같지만 뜻은 다르다! 머리카락은 빚는 것이 아니라 빗는 것이다. 빚이 아니라 빛이 들기 전이겠지."

그때 종소리가 세 번 울렸어요. 선비는 목숨을 건졌지요. 선비가 종이 있는 곳으로 가 보니 어미 까치가 머리에 피를 흘리고 있었어요.

"이제 빚을 갚았습니다. 선비님."

선비는 은혜를 갚은 까치에게 고마워했어요.

[*]**똬리**: 둥글게 빙빙 틀어 놓은 모양.
[*]**원수**: 원한이 맺힐 정도로 자기에게 해를 끼친 사람이나 집단.

✎ 다음 중에서 적절한 발음을 찾아 ○표 하고, 소리 내어 읽어 보세요.

1　빚

빋	빈

2　빗

삗	빋

✎ 읽은 글의 내용을 확인해 보세요.

1 어여쁜 여인의 정체로 알맞은 것에 ◯표 하세요.

내용
이해

호랑이   까치   구렁이

(   )   (   )   (   )

2 구렁이가 잘못 말한 ㉠과 ㉡을 바르게 고친 것은 무엇인가요?   (   )

내용
적용

         ㉠   ㉡

① 빗으며 – 빚이

② 빛으며 – 빗이

③ 빗으며 – 빛이

3 이 글의 내용으로 알맞지 <u>않은</u> 것은 무엇인가요?   (   )

내용
분석

① 구렁이는 남편의 원수를 갚았다.

② 머리를 부딪쳐 종을 울린 것은 어미 까치이다.

③ 어미 까치는 선비에게 은혜를 갚았다.

4 다음 속담의 빈칸에 들어갈 알맞은 낱말에 ◯표 하세요.

어휘
표현

제비도 ⬚⬚ 를 갚는다.

이자   원수   은혜

모아 모아 낱말을 완성하자!

✎ 낱말의 뜻을 잘 읽고, 자음자와 모음자를 모아 ☐ 안에 알맞은 답을 쓰세요.

1

나이, 지위, 신분 등이
자기보다 높은 어른.

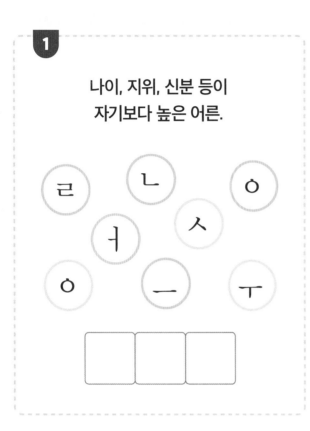

☐ ☐ ☐

2

틀림없이 꼭.

☐ ☐ ☐

3

구름이나 안개 따위가
흩어져 없어지다.

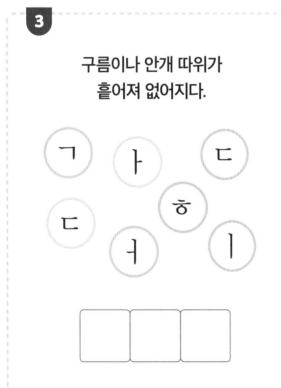

☐ ☐ ☐

4

가졌던 물건이 자신도
모르게 없어져 그것을 갖지 않게 되다.

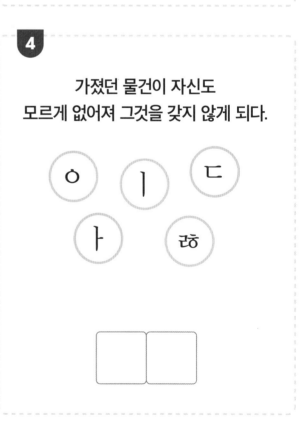

☐ ☐

📖 정답 **27쪽**

5 주

 1일 내 동생 뭉치

📢 **오늘의 맞춤법** 잘못 쓰기 쉬운 말 2   **짓다/짖다, 찢다/찧다**

'짓다'는 '무엇을 만들다.'라는 뜻이고, '짖다'는 '소리를 내다.'라는 뜻이에요. '짓다'는 [짇:따], '짖다'는 [짇따]로 비슷하게 소리나므로 잘 구별해서 써야 해요. '찢다'는 '물건을 잡아당겨 가르다.'라는 뜻이고, '찧다'는 '곡식을 잘게 만들려고 공이로 내리치다.'라는 뜻이에요.

띄어쓰기 학습

✏️ 띄어 쓰는 부분을 확인하고, 또박또박 따라 쓰세요.

아빠를 만나면 멍멍 짖지.

아	빠	를	∨	만	나	면	∨	멍	멍	∨	짖	지	.

✏️ 문장의 순서에 맞게 빈칸에 알맞은 숫자를 쓰세요.

시간에   국어   지었어요.   동시를   나는

(   ) (   ) (   )   (   ) (3)

맞춤법·어휘 학습

✎ 다음 문장에서 알맞은 말을 골라 ◯표 하세요.

1  얼룩이가 휴지를 **찢고**   **짖고**   놀아요.

2  엄마를 떠올리며 동시를 **지어요**   **짖어요** .

✎ 다음 문장에서 밑줄 친 글자에 알맞은 받침을 연결하세요.

ㄱ

ㅎ

1 달에서 토끼가 방아를 <u>찌</u>어요. •

ㅅ

2 동생이 신문지를 <u>찌</u>어요. •

ㅈ

✎ 다음 문장에 들어갈 알맞은 말을 골라 ◯표 하고, 빈칸에 쓰세요.

1 **찢어**   **짖어**   → 갑자기 강아지가 멍멍  요.

2 **짖어**   **지어**   → 가족이 함께 살 집을  요.

지문 듣기

　국어 시간에 나는 동시를 지었어요. 무엇을 쓸지 막막했는데 선생님이 '내가 가장 좋아하는 것'에 대해서 노래하듯이 써 보라고 하셔서 뭉치 얘기를 썼어요. 그런데 짝꿍이 내가 쓴 동시를 베껴 썼어요. 선생님께 들킨 짝꿍은 화들짝 놀라 공책을 찢었어요. 선생님이 왜 그러냐고 묻자, 짝꿍은 **반려견**[*]이 없어서 동시를 쓰기 힘들다고 했어요. 짝꿍은 고개를 푹 숙이고 한숨을 쉬었어요. 내일은 짝꿍을 집에 초대해서 우리 뭉치랑 놀게 해 주고, 동시를 지어 보라고 해야겠어요.

우리 집 뭉치

하얀 털 뭉치 우리 집 뭉치
내가 집에 들어가면 뭉실뭉실
하얀 엉덩이를 흔들흔들
아빠를 만나면 멍멍 짖지.

곱슬곱슬 털 뭉치 내 동생 뭉치
산책길을 걸으면 **졸랑졸랑**[*]
분홍 혀를 내밀고 살랑살랑
나는 뭉치가 제일 좋지.

* **반려견**: 가족처럼 여기며 키우는 개.
* **졸랑졸랑**: 자꾸 가볍고 경망스럽게 까부는 모양.

✎ 다음 중에서 적절한 발음을 찾아◯표 하고, 소리 내어 읽어 보세요.

1 찢다 　　　　찓따　　　　　　찌따

2 짖다 　　　　지따　　　　　　짇따

✎ 읽은 글의 내용을 확인해 보세요.

1 '나'는 무엇에 대한 동시를 썼는지 빈칸에 알맞은 말을 쓰세요.

중심
생각

➡ 나는 반려견 ☐☐ 에 대한 동시를 썼어요.

2 이 글의 내용으로 알맞지 <u>않은</u> 것은 무엇인가요? (　　　)

내용
이해

① 선생님이 반려견에 대해 동시를 써 보라고 하셨다.

② 나는 반려견이 있고, 짝꿍은 반려견이 없다.

③ 나는 뭉치에 대한 동시를 지었다.

3 뭉치에 대한 설명으로 알맞은 것은 무엇인가요? (　　　)

내용
분석

① 털이 갈색이다.

② 아빠를 만나면 멍멍 짖는다.

③ 엄마는 뭉치를 좋아하지 않는다.

4 보기 의 뜻을 보고, 다음 문장에 알맞은 낱말을 쓰세요.

어휘
표현

보기 　　　　　　가볍고 경망스럽게 까부는 모양.

옆집 개가 ☐☐☐☐ 꼬리를 흔들며 따라온다.

2일 양궁에 숨은 과학

📢 **오늘의 맞춤법** 잘못 쓰기 쉬운 말 2 **마치다/맞히다/맞추다**

'마치다'와 '맞히다'는 모두 [마치다]로 소리 나지만 뜻은 달라요. '마치다'는 '어떤 일이 끝나다.', '맞히다'는 '쏘거나 던져서 닿게 하다.' 또는 '문제에 대한 답을 틀리지 않게 하다.'라는 뜻이에요. '맞추다'는 [맏추다]로 소리 나고, '맞게 붙이다.', '비교해 살피다.'라는 뜻이에요.

(띄어쓰기 학습)

✎ 띄어 쓰는 부분을 확인하고, 또박또박 따라 쓰세요.

어떻게 과녁을 맞힐까요?

어	떻	게	∨	과	녁	을	∨	맞	힐	까	요	?

✎ 문장의 순서에 맞게 빈칸에 알맞은 숫자를 쓰세요.

보세요. 답을 친구와 맞추어

( ) ( ) (1) ( )

맞춤법·어휘 학습

✎ 다음 그림에 알맞은 낱말을 골라 ○표 하세요.

1

과녁을 　**맞혀요.**　　**맞춰요.**

2

깨진 조각을 　**마쳐요.**　　**맞춰요.**

✎ 빈칸에 알맞은 회색 글자를 따라 쓰고 문장을 완성하세요.

1 　시합을 ｜마｜치｜고｜ 상대 선수와 인사를 나누었어요.

2 　지은이가 퀴즈를 ｜맞｜혔｜어｜요｜.

✎ 앞의 말에 이어질 알맞은 말을 연결하세요.

　　　　　　　　　　　　　　　　・　**마쳤다.**

1 숙제를 제시간에 　・

　　　　　　　　　　　　　　　　・　**맞혔다.**

　　　　　　　　　　　　　　　　・　**맞았다.**

2 시험이 끝나고 정답을 ・

　　　　　　　　　　　　　　　　・　**맞추었다.**

지문 듣기

안녕하세요? 〈3분 과학〉 채널의 맹 선생님입니다.

오늘은 양궁 속에 숨은 과학 원리를 알아보기로 해요.

양궁 선수들은 어떻게 화살을 쏘아 멀리 있는 **과녁**[*]을 맞힐까요?

활시위[*]를 팽팽하게 당겨서 화살을 쏘면 화살을 맨손으로 던지는 것보다 활이 빨리 날아가요. 활시위의 이러한 성질을 **탄성**이라고 하는데 용수철이나 고무줄도 탄성이 있어요. 그리고 화살이 과녁까지 똑바로 날아가는 것 같지만 화살에도 지구의 중력이 작용해요. 화살은 **포물선**[*]을 그리며 과녁에 꽂혀요. 그래서 양궁 선수들은 탄성과 중력, 공기의 저항을 이용하여 과녁을 정확하게 맞히는 연습을 해요.

마지막으로 퀴즈를 하나 맞혀 보세요. 활시위, 용수철, 고무줄이 공통으로 지닌 성질은 무엇인가요? 방송을 본 친구들은 맞힐 수 있을 거예요. 친구와 답을 맞추어 보세요.

그럼, 이것으로 3분 과학 시간을 마치겠습니다. 다음 시간에 만나요!

* **과녁**: 활이나 총을 쏠 때 표적으로 만들어 놓은 물건.
* **활시위**: 활대에 걸어서 켕기는 줄. 화살을 여기에 걸어서 잡아당겼다가 놓으면 화살이 날아감.
* **탄성**: 물체에 힘을 가하면 모양이 바뀌었다가 본래 모양으로 되돌아가려는 성질.
* **포물선**: 물체가 반원 모양을 그리며 날아가는 선.

✎ 다음 중에서 적절한 발음을 찾아 ○표 하고, 소리 내어 읽어 보세요.

1　맞추다　　　｜ 맏추다 ｜　　　｜ 맙추다 ｜

2　맞히다　　　｜ 마치다 ｜　　　｜ 마히다 ｜

✎ 읽은 글의 내용을 확인해 보세요.

1 양궁과 관련 있는 것을 모두 골라 ○표 하세요.

내용
이해

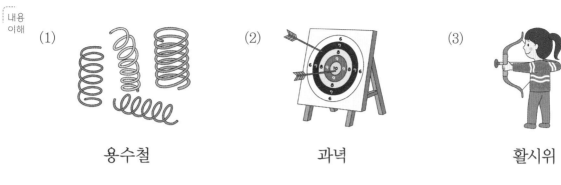

(1) 용수철   (2) 과녁   (3) 활시위

2 이 글의 내용으로 알맞은 것에 ○표 하세요.

내용
이해

(1) 활시위를 팽팽하게 당겨서 화살을 쏘면 활이 곧장 떨어져요.   (   )

(2) 양궁 선수가 쏜 화살은 포물선을 그리며 날아가요.   (   )

3 이 글에서 알 수 있는 사실은 무엇인가요?   (   )

내용
분석

① 양궁은 올림픽 종목 중 하나이다.

② 우리나라 양궁 선수들은 세계 최고의 실력을 갖고 있다.

③ 활시위, 용수철, 고무줄이 공통으로 지닌 성질은 탄성이다.

4 보기 의 뜻을 보고, 알맞은 낱말을 찾아 ○표 하세요

어휘
표현

보기	아무것도 끼거나 감지 않은 손.

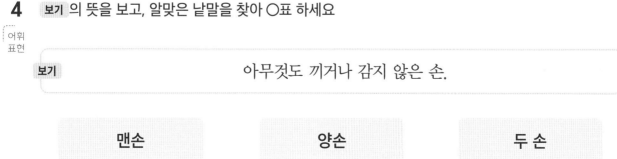

맨손   양손   두 손

 가족 여행을 떠나요

오늘의 맞춤법 잘못 쓰기 쉬운 말 2 **대로/데로**

'대로'는 '앞에 오는 말에 근거하거나 달라짐이 없음.'을 나타내요. '데로'는 장소를 나타내는 말 '데'에 방향을 나타내는 '로'가 붙은 말로 '(어떤) 장소로'라는 뜻이에요.

띄어쓰기 학습

✎ 띄어 쓰는 부분을 확인하고, 또박또박 따라 쓰세요.

아빠는 요리법대로 요리합니다.

아	빠	는	∨	요	리	법	대	로	∨	요	리	합	니	다	.

✎ 문장의 순서에 맞게 빈칸에 알맞은 숫자를 쓰세요.

데면	바다가	있는	좋겠습니다.	장소는
( )	( )	( )	( )	(1)

맞춤법·어휘 학습

✎ 다음 문장에서 빈칸에 들어갈 글자를 골라 ∨표 하세요.

1 설명서 ☐ 로 조립해 보세요. ➡ ☐ 데 ☐ 대

2 이번 여름에는 시원한 ☐ 로 여행 가요! ➡ ☐ 데 ☐ 데

✎ 빈칸에 알맞은 낱말을 [보기]에서 찾아 문장을 완성하세요.

보기   대로   데로

1 지운이는 어두운 ☐☐ 가서 숨었어요.

2 여름 방학 계획 ☐☐ 하고 있어요.

✎ 자연스러운 문장이 되도록 앞과 뒤를 연결하세요.

1

규칙대로 •

규칙데로 •   • **하세요.**

2

사는 데가 •

사는 대가 •   • **멀어요.**

여름 방학을 맞이하여 **정중히**⃰ 제안을 드립니다.

우리 가족은 그동안 성실하게 지냈습니다. 이제 방학이 되었으니 여행을 떠나면 좋겠습니다.

여행 장소는 바다가 있는 데면 좋겠습니다. 왜냐하면 바다에서 헤엄치는 것은 한여름에만 할 수 있기 때문입니다. 엄마와 할머니는 추위를 많이 타기 때문에 다른 계절에는 바다 수영을 하지 못할 것입니다.

여행에서 먹는 음식은 당번들이 요리하도록 하겠습니다. 할아버지의 김치찌개는 무척 맛있어서 살이 찔 수도 있습니다. 아빠는 요리법대로 요리하고, 저는 설거지를 돕겠습니다.

여행을 갈 때에는 챙겨야 할 준비물이 많습니다. 저는 모기향과 선크림을 챙겨서 가족에게 빌려주겠습니다. 직접 만든 부채도 가져가서 부채질을 해 주겠습니다.

마지막으로 여행 **경비**⃰에 대해서 말씀드리겠습니다. 세뱃돈과 용돈을 모은 삼만 오천 원을 여행비에 보태겠습니다.

오늘부터 여행 준비를 시작해서 다음 주에 다 같이 바다로 여름 여행을 떠나요!

⃰ **정중히**: 태도나 분위기가 점잖고 엄숙하게.
⃰ **경비**: 어떤 일을 하는 데 드는 비용.

✎ 다음 중에서 적절한 발음을 찾아 ○표 하고, 소리 내어 읽어 보세요.

1 한여름

한녀름		하녀름	

2 김치찌개

김치찌게		김치찌개	

✎ 읽은 글의 내용을 확인해 보세요.

1 빈칸에 알맞은 말을 써서 글쓴이의 제안을 완성하세요.

중심
생각

➡ [| |] 가 있는 데로 [|] 을 떠나면 좋겠습니다.

2 이 글에서 알 수 있는 사실은 무엇인가요? (   )

내용
분석

① 글쓴이는 여름 방학에 바다로 여행을 가고 싶어 한다.

② 글쓴이의 아빠는 바다에서 헤엄치는 것을 싫어한다.

③ 글쓴이는 여행 준비를 어른들만 하는 것이라고 생각한다.

3 글쓴이가 세운 여행 계획에 따라 알맞게 연결하세요.

내용
적용

여행 준비물 •   • 바다

여행 음식 •   • 모기향과 선크림

여행 장소 •   • 당번들이 만든 요리

4 다음과 같은 뜻의 낱말을 이 글에서 찾아 쓰세요.

어휘
표현

어떤 일을 하는 데 드는 비용.

[|]

4일 위대한 세종 대왕

임금으로서 말하노라

우리글로써 소통하게 하라

세종대왕

훈민정음

오늘의 맞춤법 잘못 쓰기 쉬운 말 2 **로서/로써, 비추다/비치다**

'로서'는 자격이나 지위, 신분을 나타내요. '로써'는 수단이나 도구를 나타내거나, '오늘로써' 처럼 어떤 일의 기준이 되는 시간을 말하기도 해요. '비추다'는 '다른 대상에게 빛을 보내어 밝게 하다.'라는 뜻이고, '비치다'는 '빛이 나서 환하게 되다.'라는 뜻이에요.

띄어쓰기 학습

✎ 띄어 쓰는 부분을 확인하고, 또박또박 따라 쓰세요.

우리글로써 소통하기를 바라다.

| 우 | 리 | 글 | 로 | 써 | ∨ | 소 | 통 | 하 | 기 | 를 | ∨ | 바 | 라 | 다 | . |

✎ 문장의 순서에 맞게 빈칸에 알맞은 숫자를 쓰세요.

우리를   뜻은   가로등처럼   세종 대왕의   비추어요.

(   ) (   ) (3   ) (   ) (   )

맞춤법·어휘 학습

✎ 다음 그림을 보고, 맞춤법에 맞는 문장을 찾아 연결하세요.

1  •

 • 나는 왕으로서 빨간 옷을 입었어요.

 • 나는 왕으로써 빨간 옷을 입었어요.

2  •

 • 무대 조명이 나를 비추어요.

 • 무대 조명이 나를 비치어요.

✎ 다음 문장에서 맞춤법에 맞는 말을 골라 ○표 하고, 빈칸에 바르게 쓰세요.

1 나는 언니 동생에게 줄넘기를 가르쳐 줘요.

2 나는 말 로서 로써 동생에게 줄넘기하는 방법을 알려 줘요.

✎ 빈칸에 알맞은 회색 글자를 따라 쓰고 문장을 완성하세요.

1  손전등이 방 안을 어요.

2  어둠 속에 달빛이  어요.

지문 듣기

지구상의 글자 중 가장 아름다운 글자는 우리나라 한글, 훈민정음이에요. 훈민정음은 세종 대왕이 1443년에 만들었어요. 지금으로부터 몇 백 년 전의 일이지요. 그 전에는 어려운 한자로 우리말을 썼어요.

세종 대왕은 한글을 왜 만들었을까요? 세종 대왕은 임금으로서 백성들이 살기 좋은 나라를 만들고자 했어요. 백성들이 우리글로써 서로 쉽게 **소통**[*]하기를 바랐어요. 또 장영실로 하여금 비의 양을 재는 측우기를 비롯하여 해시계, 자격루 등 과학 기구를 발명하게 하여 백성들을 돕고자 했어요. 그 밖에도 세종 대왕은 영토 확장에 힘써 북쪽으로 **4군 6진**[*]을 개척했지요.

세종 대왕과 한글이 있어서 우리는 책을 읽고 글을 쓰고 문화를 꽃피울 수 있어요. 세종 대왕이 돌아가신 지 500년도 넘었지만, 백성들을 아끼는 세종 대왕의 깊은 뜻은 밤길을 비추는 가로등처럼 지금도 우리를 비추고 있어요.

＊**소통**: 서로 뜻이 통하여 오해가 없음.
＊**4군 6진**: 세종 대왕 때 여진족을 물리치고 개척한 지역. 압록강과 두만강 주변의 4개 군과 6개의 진을 뜻함.

✎ 다음 중에서 적절한 발음을 찾아 ○표 하고, 소리 내어 읽어 보세요.

1 바랐어요   바랃어요   바라써요

2 있어서   이써서   인써서

✎ 읽은 글의 내용을 확인해 보세요.

1 세종 대왕 시절에 만들어진 과학 기구로 알맞은 것에 ○표 하세요.

내용
이해

측우기	가로등	전화기
( )	( )	( )

2 세종 대왕이 훈민정음을 만든 이유가 <u>아닌</u> 것은 무엇인가요?　　　　　(　　　)

내용
분석

① 백성들이 살기 좋은 나라를 만들고자 했기 때문이다.

② 백성들이 한자로 소통하고 과학 공부하는 것이 바람직하기 때문이다.

③ 백성들이 우리글로써 서로 쉽게 소통하는 데 도움이 되고자 했기 때문이다.

3 이 글의 내용으로 알맞은 것에 ○표 하세요.

내용
적용

(1) 한글이 있기 전에는 어려운 한자로 우리말을 썼어요.　　　　　(　　　)

(2) 세종 대왕이 돌아가신 지 100년이 되었어요.　　　　　(　　　)

4 보기 에서 잘못 쓴 낱말을 바르게 고쳐 쓰세요.

어휘
표현

> 보기　　　　**훔민정음**은 세종 대왕이 1443년에 만들었어요.

슈 로봇 박사와 똑똑이 로봇 조수

붙이다

부치다

오늘의 맞춤법 잘못 쓰기 쉬운 말 2 | **붙이다/부치다, 같다/갖다**

'붙이다'와 '부치다'는 모두 [부치다]로 소리 나지만 뜻은 달라요. '붙이다'는 '맞닿아 떨어지지 않게 하다.', '부치다'는 '편지나 물건 등을 상대에게 보내다.'라는 뜻이에요. '같다'는 '서로 다르지 않고 하나이다.'라는 뜻이고, '갖다'는 '손이나 몸에 있게 하다.'라는 뜻이에요.

띄어쓰기 학습

✎ 띄어 쓰는 부분을 확인하고, 또박또박 따라 쓰세요.

로봇을 택배로 부치고 오다.

로	봇	을	∨	택	배	로	∨	부	치	고	∨	오	다	.

✎ 문장의 순서에 맞게 빈칸에 알맞은 숫자를 쓰세요.

붙인　　　뜯었어요.　　　풀로　　　딱　　　봉투를

(　) (　) (1) (　) (　)

맞춤법·어휘 학습

✎ 빈칸에 알맞은 회색 글자를 따라 쓰고 문장을 완성하세요.

1 할머니께 택배를 | 부 | 쳤 | 어 | 요 | .

2 상처에 반창고를 | 붙 | 였 | 어 | 요 | .

✎ 다음 문장에서 알맞은 말을 골라 ◯표 하세요.

1 이준이와 나는 학교도 나이도 | 같지요 | 갖지요 | .

2 연우에게 방학에 편지를 | 붙여요 | 부쳐요 | .

✎ 다음 문장에서 밑줄 친 글자에 알맞은 받침을 연결하세요.

· ㅌ

1 양말 두 짝은 모양이 <u>가</u>아요. ·

· ㅆ

· ㅅ

2 소라가 장난감을 <u>가</u>고 놀아요. ·

· ㅈ

슈 로봇 박사는 어린이들이 보내는 편지를 읽고 로봇을 만들어 주어요.

"오늘은 어떤 주문일까?"

슈 로봇 박사는 풀로 딱 붙인 봉투를 뜯고 편지를 꺼냈어요.

"세상에서 가장 예쁜 강아지 로봇을 만들어 주세요!"

슈 로봇 박사는 한참 **고심하다**[*] 강아지 로봇을 만들기 시작했어요. 몸에는 복슬복슬 털을, 발바닥에는 말랑말랑 젤리를, 눈에는 반짝반짝 까만 구슬을 붙였어요.

강아지 로봇을 완성한 슈 로봇 박사가 똑똑이 로봇에게 명령을 **입력**[*]했어요.

"똑똑이 로봇! 반짝이는 구슬을 부친 로봇을 **택배**[*]로 붙이고 와라."

그러자 똑똑이 로봇이 말했어요.

"박사님, 그럴 수는 없습니다. 똑똑!"

슈 로봇 박사는 깜짝 놀랐어요. 똑똑이 로봇은 한 번도 박사의 명령을 거부한 적이 없었거든요.

"아니, 왜? 왜 그럴 수가 없다는 말이냐?"

"구슬은 붙이는 게 맞고요, 택배는 부치는 거거든요."

"응? 내 귀에는 다 똑같이 들리는데?"

"아닙니다. 똑똑이 로봇은 구슬을 붙인 로봇을 택배로 부치고 오겠습니다!"

박사는 그제서야 안심이 되었답니다.

"그래! 똑똑이 로봇, 넌 정말 똑똑한 조수로구나."

* **고심하다**: 몹시 애를 태우며 마음을 쓰다.　　　* **입력하다**: 문자나 숫자를 컴퓨터가 기억하게 하다.
* **택배**: 짐이나 물건을 요구하는 장소까지 대신 배달해 주는 일.

✎ 다음 중에서 적절한 발음을 찾아 ○표 하고, 소리 내어 읽어 보세요.

1　　**붙이고**　　　| 부치고 |　　| 부티고 |

2　　**갖다**　　　| 간따 |　　| 간따 |

✎ 읽은 글의 내용을 확인해 보세요.

1 슈 로봇 박사가 받은 주문으로 알맞은 것에 ◯표 하세요.

내용
이해

세상에서 가장 맛있는 사탕	세상에서 가장 큰 인형	세상에서 가장 예쁜 강아지 로봇
( )	( )	( )

2 강아지 로봇에 대한 설명으로 알맞은 것끼리 연결하세요.

내용
이해

몸 •　　　　　　　• 복슬복슬 털을 붙였어요.

눈 •　　　　　　　• 말랑말랑 젤리를 붙였어요.

발바닥 •　　　　　　　• 반짝반짝 까만 구슬을 붙였어요.

3 똑똑이 로봇이 박사의 심부름을 할 수 없다고 한 까닭은 무엇인가요? ( )

내용
분석

① 세상에서 가장 예쁜 로봇은 만들 수 없기 때문이다.

② 슈 로봇 박사가 우체국의 위치를 알려 주지 않았기 때문이다.

③ 슈 로봇 박사가 '붙이다'와 '부치다'를 헷갈려 잘못 입력했기 때문이다.

4 보기 의 뜻을 보고, 알맞은 낱말을 찾아 ◯표 하세요.

어휘
표현

보기　　　　　　짐이나 물건을 요구하는 장소까지 대신 배달해 주는 일.

택배　　　　　　선물　　　　　　주문

왔다 갔다 사다리를 타자!

✎ 다음 낱말의 뜻에 해당하는 번호를 사다리를 따라 도착한 ◯ 에 쓰세요.

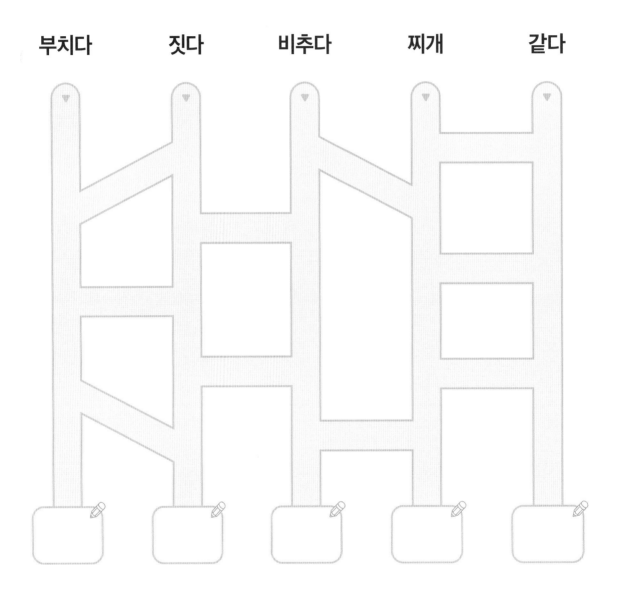

부치다   짓다   비추다   찌개   같다

1. 시, 소설, 편지, 노래 가사 같은 글을 쓰다.

2. 편지나 물건 등을 상대에게 보내다.

3. 냄비에 담긴 국물에 채소 등을 넣고 갖은양념을 하여 끓인 반찬.

4. 서로 다르지 않고 하나이다.

5. 빛을 내는 대상이 다른 대상에 빛을 보내어 밝게 하다.

📖 정답 **28**쪽

초등 공부
시작부터
끝까지!

초끝

정답

맞춤법 +
어휘 + 독해

2단계

초등 1~2학년

메가스터디BOOKS

초등 공부 시작부터 끝까지!

맞춤법 + 어휘 + 독해

정답

2 단계

초등 1~2학년

1일

국어 전래 동화

삼 년 고개

🗣️ **오늘의 맞춤법** 어려운 겹받침이 있는 말 `ㄳ 받침`

겹받침은 서로 다른 두 개의 자음자로 이루어진 받침을 뜻해요. 겹받침 'ㄳ'은 [ㄱ]으로 소리 나요. '삯'은 [삭], '넋'은 [넉], '넋두리'는 [넉뚜리]로 발음하지요. '삯', '넋' 뒤에 '이'가 오면 [삭씨], [넉씨]로 발음해요.

띄어쓰기 학습

✏️ 띄어 쓰는 부분을 확인하고, 또박또박 따라 쓰세요.

노인은 넋이 나갔어요.

노	인	은	∨	넋	이	∨	나	갔	어	요	.

✏️ 문장의 순서에 맞게 빈칸에 알맞은 숫자를 쓰세요.

값은	삼	곱하기	육이다.	이의
(4)	(1)	(2)	(5)	(3)

8

맞춤법·어휘 학습

✏️ 다음 문장에서 알맞은 말을 골라 ○표 하세요.

1 할아버지는 **뫀** (**목**) 이 아파서 기침을 하셨다.

2 할아버지께서 **넉** (**넋두리**) 를 하셨다.

✏️ 빈칸에 알맞은 회색 글자를 따라 쓰고 문장을 완성하세요.

1 일꾼들이 일을 하고 | 품 | 삯 | 을 받았다.

2 친구들이 각자 | 몫 | 을 나누어 먹었다.

✏️ 다음 밑줄 친 부분을 맞춤법에 맞게 고쳐 빈칸에 쓰세요.

1 일을 하고 나서 <u>삭</u>을 받았어요. → | 삯 | 을 |

2 너무 깜짝 놀라서 <u>넉</u>이 나갔어요. → | 넋 | 이 |

독해력 학습 삼 년 고개

지문 듣기

옛날 어느 마을에 삼 년 고개라는 고개가 있었어요. 이 고개에서 넘어지면 삼 년밖에 살지 못한다는 **전설**이 전해졌지요.

한 노인이 장에 갔다 오는 길에 삼 년 고개에서 꽈당 하고 넘어졌어요. 겁이 난 노인은 아픈 줄도 모르고 중얼중얼 **넋두리**를 했어요.

"삼 년 뒤면 나는 죽는구나! 우리 손자 맛있는 것도 못 사 주고……."

노인은 **넋이 나가서** 한숨 쉬며 눈물을 흘렸어요. 그때 노인의 손자가 할아버지를 보고 곰곰이 생각하더니 이렇게 말했어요.

"오래 살 방법을 알려 드릴게요. 그 **삯**으로 호박엿을 사 주시겠어요?"

노인이 고개를 끄덕이자 손자가 눈빛을 반짝이며 말했어요.

"할아버지, 한 번 더 넘어지세요!"

"뭐? 그게 무슨 소리냐?"

"삼 곱하기 이의 값은 육! 그럼 육 년을 더 사실 거예요. 세 번 넘어지면 구 년! 네 번이면 십이 년이에요!"

"그럼 천 년이라도 살겠구나! 앞으로 더 많이 넘어져야겠어!"

*전설: 옛날부터 전해 내려오는 이야기.
*넋이 나가다: 아무 생각이 없거나 정신을 잃다.
*넋두리: 불만을 길게 늘어놓으며 하소연하는 말.
*삯: 일한 데 대한 품값으로 주는 돈이나 물건. 품삯.

✏️ 다음 중에서 적절한 발음을 찾아 ○표 하고, 소리 내어 읽어 보세요.

1 넋이 | 넉씨 ○ | 넙씨 |

2 삯으로 | 삭쓰로 ○ | 사으로 |

10

✏️ 읽은 글의 내용을 확인해 보세요.

1 노인은 삼 년 고개에서 넘어지자 어떻게 하였는지 빈칸에 알맞은 말을 쓰세요.

→ 노인은 한숨 쉬며 | 눈 | 물 | 을 흘렸어요.

2 손자가 노인에게 한 번 더 넘어지라고 한 이유로 알맞은 것에 ○표 하세요.

(1) 두 번 넘어지면 육 년을 살 것이라고 생각했기 때문이에요. (○)

(2) 여러 번 넘어지면 아프지 않을 것이라고 생각했기 때문이에요. ( )

3 손자의 말을 들은 노인의 마음으로 알맞은 것은 무엇인가요? (2)

① 곧 죽을 것 같아서 덜컥 겁이 난다.

② 손자의 말대로 하면 일찍 죽지 않을 것 같아 기쁘다.

③ 더 많이 넘어질 생각에 무척 걱정이 된다.

4 보기 에서 잘못 쓴 낱말을 바르게 고쳐 쓰세요.

보기

손자는 할아버지를 보고 **곰곱이** 생각했어요.

| 곰 | 곰 | 이 |

2일

사회 설명문

우리나라 전통 혼례

미리 보기

앉다 꿇다 많다

오늘의 맞춤법 어려운 겹받침이 있는 말 ㄶ, ㄵ, ㄿ 받침

겹받침 ㄶ은 [ㄴ], ㄵ은 [ㄴ], ㄿ은 [ㄹ]로 소리 나요. '앉다'는 [안따], '많다'는 [만타], '꿇다'는 [꿀타]로 발음하지요. '앉', '많', '꿇' 뒤에 '아' 또는 '어가 오면 [안자], [마니], [꾸러]로 발음해요.

띄어쓰기 학습

띄어 쓰는 부분을 확인하고, 또박또박 따라 쓰세요.

사람들이 많이 참석했어요.

사	람	들	이	∨	많	이	∨	참	석	했	어	요	.

문장의 순서에 맞게 빈칸에 알맞은 숫자를 쓰세요.

천천히	신부는	허리를	앉아서	굽혔어요.
(2)	(1)	(4)	(3)	(5)

12

맞춤법·어휘 학습

바르게 쓴 말을 골라 ○표 하고, 빈칸에 쓰세요.

1 강아지가 **안자** **앉아** 있다. → 앉 아

2 동생의 바지가 **닳아서** **다라서** 못 입게 되었다.
→ 닳 아 서

다음 문장에서 빈칸에 들어갈 글자를 골라 ∨표 하세요.

1 오늘은 날씨가 꽤   네요. → ☑ 찮   ☐ 찬

2 뜨거운 이마에 차가운 물수건을   었다. → ☐ 얹   ☑ 얺

빈칸에 알맞은 낱말을 보기 에서 찾아 문장을 완성하세요.

보기   앉아요   꿇어요   많아요

1 잔칫집에 손님이 많 아 요 .

2 친구들이 교실로 들어와서 의자에 앉 아 요 .

3 동생이 절을 하려고 무릎을 꿇 어 요 .

정답 3쪽

13

독해력 학습 우리나라 전통 혼례

지문 듣기

옛날 사람들은 어떻게 결혼했을까요? 지금처럼 결혼식에서 신랑, 신부가 턱시도와 웨딩드레스를 입었을까요? 그렇지 않았어요.

옛날 사람들은 결혼을 통해 가족과 가족이 관계를 맺는다고 생각했어요. 그래서 집안의 어른들이 누구와 **혼인**할지 정해 주고, 혼인을 요청하고 허락하는 편지를 주고받았지요.

혼례는 주로 신부의 집 마당에서 치러졌어요. 마당에 잔칫상이 차려지고, 친척들과 마을 사람들이 혼례에 많이 참석했어요. 화려한 **혼례복**을 입은 신랑과 신부는 마주 보고 큰절을 했어요. 신랑은 두 손을 이마에 대고 무릎을 꿇고 앉고, 신부는 두 손을 눈높이에 올리고 천천히 앉아서 허리를 굽혔어요.

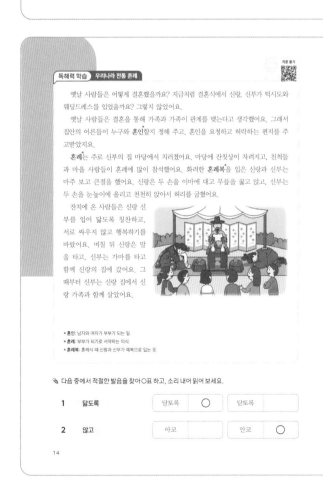

잔치에 온 사람들은 신랑 신부를 입이 닳도록 칭찬하고, 서로 싸우지 않고 행복하기를 바랐어요. 며칠 뒤 신랑은 말을 타고, 신부는 가마를 타고 함께 신랑의 집에 갔어요. 그때부터 신부는 신랑 집에서 신랑 가족과 함께 살았어요.

* 혼인: 남자와 여자가 부부가 되는 일
* 혼례: 부부가 되기로 서약하는 의식
* 혼례복: 혼례식 때 신랑과 신부가 예복으로 입는 옷

다음 중에서 적절한 발음을 찾아 ○표 하고, 소리 내어 읽어 보세요.

1 닳도록   달토록 ○   닳토록

2 않고   아코   안코 ○

14

읽은 글의 내용을 확인해 보세요.

1 이 글은 무엇에 대해 설명하는 글인지 알맞은 것에 ○표 하세요.

오늘날의 결혼식	옛날 사람들의 혼례	신랑의 집 마당
( )	(○)	( )

2 결혼으로 가족과 가족이 관계를 맺는다는 생각 때문에 생긴 일이 <u>아닌</u> 것은 무엇인가요? (2)

① 집안의 어른들이 혼인할 사람을 정해 주었다.
② 혼례는 주로 신랑의 집 마당에서 치렀다.
③ 혼인 전에 혼인을 요청하고 허락하는 편지를 주고받았다.

3 이 글의 내용으로 알맞은 것에 ○표 하세요.

(1) 옛날에는 신랑이 신부 집에서 신부 가족과 계속 같이 살았어요. ( )

(2) 혼례복을 입은 신랑과 신부는 마주 보고 큰절을 했어요. (○)

4 보기 의 뜻을 보고, 다음 문장에 알맞은 낱말을 쓰세요.

보기   혼례식 때 신랑과 신부가 예복으로 입는 옷.

이모는 화려한 혼 례 복 을 입고 신랑과 마주 보고 섰다.

정답 3쪽

15

3

3일

과학 설명문

아이스크림에 담긴 과학

🔊 **오늘의 맞춤법** 어려운 겹받침이 있는 말 ㄹ, ㄹㅂ 받침

겹받침 ㄹㅌ, ㄹㅂ은 대부분 [ㄹ]로 소리 나요. '여덟'은 [여덜], '핥다'는 [할따]로 발음하지요. '얇, 핥' 뒤에 'ㅇ, ㅇ' 가 오면 [여덜비], [할타]로 발음해요. '밟다'는 [밥:따]로 소리 나지만 '밟' 뒤에 '아'가 오면 [발바]로 발음해요.

띄어쓰기 학습

✏️ 띄어 쓰는 부분을 확인하고, 또박또박 따라 쓰세요.

내 몸은 더 넓어지게 돼요.

내	∨	몸	은	∨	더	∨	넓	어	지	게	∨	돼	요	.

✏️ 문장의 순서에 맞게 빈칸에 알맞은 숫자를 쓰세요.

핥아	먹어요.	나를	아이들은	천천히
(4)	(5)	(2)	(1)	(3)

16

맞춤법·어휘 학습

✏️ 다음 문장에서 알맞은 말을 골라 ○표 하세요.

1 수아가 아이스크림을 (**핥아**) (훑어) 먹어요.

2 나는 (여덜) (**여덟**) 살이에요.

✏️ 빈칸에 알맞은 회색 글자를 따라 쓰고 문장을 완성하세요.

1 언니가 책을 | 훑 | 어보아요.

2 영우는 땅에 떨어진 낙엽을 | 밟 | 아 보았어요.

✏️ 다음 문장에 들어갈 알맞은 말을 골라 ○표 하고, 빈칸에 쓰세요.

1 (**핥아**) (핥타) ➡ 강아지가 내 손을 | 핥 | 아 | 요.

2 (넓버) (**넓어**) ➡ 우리 학교 운동장은 매우 | 넓 | 어 |

💾 정답 4쪽

17

독해력 학습 아이스크림에 담긴 과학

나는 더운 여름에 어린이들 손에서 볼 수 있어요. 아이들은 나를 천천히 핥아 먹으며 미소 지어요. 나는 차고 달콤하고 부드러워요. 내가 이렇게 된 까닭은 내 속에 숨은 과학 원리 때문이에요.

얼음은 딱딱한 **고체**이고, 물은 형태가 없는 **액체**예요. 나는 얼음보다 부드럽고 녹으면 물처럼 흘러내려요. 내가 이런 상태가 된 이유는 바로 공기 때문이에요. 나를 만들 때 크림과 우유와 설탕을 저으면서 얼리거든요. 그러면 내 속에 공기 방울이 점점 더 많이 갇히게 되어요. 그러면서 내 몸은 내 속에 들어간 공기의 **부피**만큼 점점 더 넓어지게 돼요. 그래서 사람들이 나를 먹으면 딱딱한 얼음을 먹을 때와 달리 부드럽게 느끼죠. 공기가 많이 들어 있을수록 부드럽지만 빨리 녹는답니다. 과학적 비밀이 숨어 있는 나, 더욱 좋아지지 않을까요?

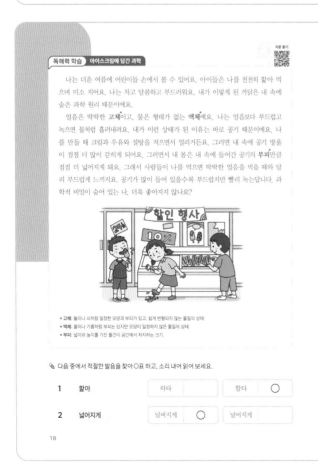

* **고체:** 돌이나 쇠처럼 일정한 모양과 부피가 있고, 쉽게 변형되지 않는 물질의 상태.
* **액체:** 물이나 기름처럼 부피는 있지만 모양이 일정하지 않은 물질의 상태.
* **부피:** 넓이와 높이를 가진 물건이 공간에서 차지하는 크기.

✏️ 다음 중에서 적절한 발음을 찾아 ○표 하고, 소리 내어 읽어 보세요.

1 핥아   하타 [ ]   할타 [○]

2 넓어지게   널버지게 [○]   널어지게 [ ]

18

✏️ 읽은 글의 내용을 확인해 보세요.

1 이 글에 나오는 '나'로 알맞은 것에 ○표 하세요.

바나나	알사탕	아이스크림
( )	( )	(○)

2 아이스크림의 성질로 알맞은 것끼리 연결하세요.

물처럼 ╳ 부드럽다.

얼음보다 ╳ 흘러내린다.

3 아이스크림이 차고 부드러운 까닭으로 알맞지 <u>않은</u> 것은 무엇인가요? (3)

① 크림과 우유와 설탕을 저으면서 얼리기 때문이다.

② 공기 방울이 많이 들어 있기 때문이다.

③ 어린이들이 무척 좋아하기 때문이다.

4 다음과 같은 뜻의 낱말을 이 글에서 찾아 쓰세요.

넓이와 높이를 가진 물건이 공간에서 차지하는 크기.

| 부 | 피 |

💾 정답 4쪽

19

사회 생활문

마트에 가요

미리보기

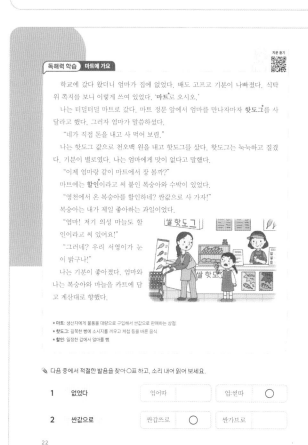

🔊**오늘의 맞춤법** 어려운 겹받침이 있는 말 ㅄ 받침

겹받침 ㅄ은 [ㅂ]으로 소리 나요. '값'은 [갑], '없다'는 [업:따]로 발음하지요. '값', '업' 뒤에 각각 '이', '어'가 오면 [갑씨], [업:써]로 발음해요.

띄어쓰기 학습

✎ 띄어 쓰는 부분을 확인하고, 또박또박 따라 쓰세요.

싼값으로 사 가자!

싼	값	으	로	∨	사	∨	가	자	!

✎ 문장의 순서에 맞게 빈칸에 알맞은 숫자를 쓰세요.

없다고	엄마에게	맛이	말했다.	나는
4	2	3	5	1

20

맞춤법·어휘 학습

✎ 다음 그림에 알맞은 낱말을 골라 ○표 하세요.

1

바나나 3900원

값　　갑

2

가엾다　　(가엾다)

✎ 다음 문장에서 밑줄 친 글자에 알맞은 받침을 연결하세요.

1 책가을 내고 책을 샀어요.　　· ㄹㅎ

· ㅄ

2 빵을 다 먹어서 이제 어어요.　　· ㅄ

· ㅈ

✎ 빈칸에 알맞은 글자를 보기 에서 찾아 문장을 완성하세요.

보기　　없　　없　　었

1 도시락이 식어서 맛이 **없** 어요.

2 엄마를 잃은 고양이가 가 **엾** 어요.

📖 정답 5쪽

21

독해력 학습 마트에 가요

지문 듣기

학교에 갔다 왔더니 엄마가 집에 없었다. 배도 고프고 기분이 나빠졌다. 식탁 위 쪽지를 보니 이렇게 쓰여 있었다. '마트로 오시오.'

나는 터덜터덜 마트로 갔다. 마트 정문 앞에서 엄마를 만나자마자 핫도그를 사 달라고 했다. 그러자 엄마가 말씀하셨다.

"네가 직접 돈을 내고 사 먹어 보렴."

나는 핫도그 값으로 천오백 원을 내고 핫도그를 샀다. 핫도그는 눅눅하고 질겼다. 기분이 별로였다. 나는 엄마에게 맛이 없다고 말했다.

"이제 엄마랑 같이 마트에서 장 볼까?"

마트에는 할인이라고 써 붙인 복숭아와 수박이 있었다.

"영천에서 온 복숭아를 할인하네? 싼값으로 사 가자!"

복숭아는 내가 제일 좋아하는 과일이었다.

"엄마! 저기 의성 마늘도 할인이라고 써 있어요!"

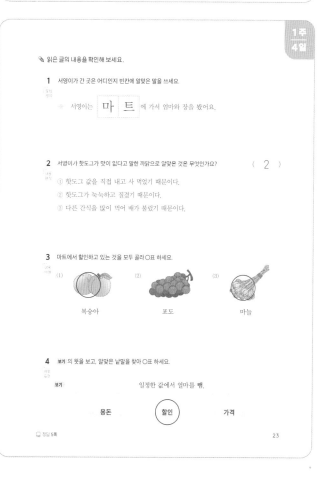

"그러네? 우리 서영이가 눈이 밝구나!"

나는 기분이 좋아졌다. 엄마와 나는 복숭아와 마늘을 카트에 담고 계산대로 향했다.

* 마트: 생산자에게 물품을 대량으로 구입해서 싼값으로 판매하는 상점.
* 핫도그: 길쭉한 빵에 소시지를 끼우고 케첩 등을 바른 음식.
* 할인: 일정한 값에서 얼마를 뺌.

✎ 다음 중에서 적절한 발음을 찾아 ○표 하고, 소리 내어 읽어 보세요.

1 없었다　　엄어따　　업:썬따 ○

2 싼값으로　　싼갑쓰로 ○　　싼가브로

22

✎ 읽은 글의 내용을 확인해 보세요.

1 서영이가 간 곳은 어디인지 빈칸에 알맞은 말을 쓰세요.

➡ 서영이는 **마 트** 에 가서 엄마와 장을 봤어요.

2 서영이가 핫도그가 맛이 없다고 말한 까닭으로 알맞은 것은 무엇인가요?　(2)

① 핫도그 값을 직접 내고 사 먹었기 때문이다.
② 핫도그가 눅눅하고 질겼기 때문이다.
③ 다른 간식을 많이 먹어 배가 불렀기 때문이다.

3 마트에서 할인하고 있는 것을 모두 골라 ○표 하세요.

(1) 복숭아　　(2) 포도　　(3) 마늘

4 보기 의 뜻을 보고, 알맞은 낱말을 찾아 ○표 하세요.

보기　　일정한 값에서 얼마를 뺌.

용돈　　(할인)　　가격

📖 정답 5쪽

23

5일

국어 맞춤법 동화

시를 읊어요

밝다
삶다
읊다

🔍 **오늘의 맞춤법** 어려운 겹받침이 있는 말 ㄹㄱ, ㄹㅁ, ㄹㅍ 받침

겹받침 ㄹㄱ은 [ㄱ], ㄹㅁ은 [ㅁ], ㄹㅍ은 [ㅂ]으로 소리 나요. '밝다'는 [박따], '삶다'는 [삼ː따], '읊다'는 [읍따]로 발음하지요. '밝, 삶, 읊' 뒤에 '아' 또는 '어'가 오면 [발가], [살마], [을퍼]로 발음해요.

띄어쓰기 학습

✏ 띄어 쓰는 부분을 확인하고, 또박또박 따라 쓰세요.

귀뚜라미와 나와 달 밝은 밤

| 귀 | 뚜 | 라 | 미 | 와 | ∨ | 나 | 와 | ∨ | 달 | ∨ | 밝 | 은 | ∨ | 밤 |

✏ 문장의 순서에 맞게 빈칸에 알맞은 숫자를 쓰세요.

동시를	드렸어요.	읊어	꽃님이는	할머니께
(3)	(5)	(4)	(1)	(2)

24

맞춤법·어휘 학습

✏ 다음 문장에서 알맞은 말을 골라 ○표 하세요.

1 아빠와 동생은 서로 (닮았어요.) 닳았어요.

2 엄마와 이모가 나란히 시를 (읊어요.) 읇어요.

✏ 다음 문장에 들어갈 알맞은 말을 골라 ○표 하고, 빈칸에 쓰세요.

1 삼 (삶) → 기차에서 │ 삶 │은 달걀을 먹었어요.

2 (밝) 발 → 추석에 │ 밝 │은 보름달이 떴어요.

✏ 다음 밑줄 친 부분을 맞춤법에 맞게 고쳐 빈칸에 쓰세요.

1 시인이 큰 목소리로 시를 읇어요. → │ 읊 │ 어 │ 요 │

2 지안이가 그림책을 잇는다. → │ 읽 │ 는 │ 다 │

📖 정답 6쪽

25

독해력 학습 시를 읊어요

🔲 자료 듣기

꽃님이와 할머니는 함께 한글을 공부했어요.
"할미는 눈이 침침해서 책 읽기가 힘들어."
꽃님이는 할머니 말씀에 동시를 더듬더듬 읊어 드렸어요.
"귀뚜라미와 나와 달 밝은 밤에 이야기했다."
할머니는 꽃님이가 읊은 부분을 따라 써 보았어요.
"응? 할머니, 달 '발근 밤'이 아니고 '밝은 밤'이에요!"
할머니는 연필을 탁 놓고 방바닥에 누웠어요.
"겹받침은 읽고 쓰는 것이 힘들구나."
"'밝다'에는 ㄹㄱ 겹받침이 쓰여요. 동시를 '읊다'에도 ㄹㅍ 겹받침이 쓰였어요."
"어머! 우리 꽃님이는 모르는 게 없네!"
"달이 밝다, 시를 읊다 하면 이상하잖아요?"
꽃님이와 할머니가 같이 웃음을 터뜨렸어요.
그때 엄마가 **삶은** 옥수수를 가지고 오셨어요.
"꽃님이가 할머니를 닮아 똑똑하구나. 동시도 잘 읊고!"
꽃님이와 할머니는 마주 보고 배시시 웃었어요.

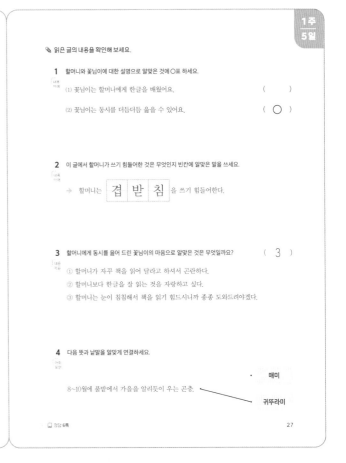

* 운동주 동시 〈귀뚜라미와 나와〉 중에서
* **겹받침**: 서로 다른 두 개의 자음으로 이루어진 받침.
* **삶다**: 물에 넣고 끓이다.

✏ 다음 중에서 적절한 발음을 찾아 ○표 하고, 소리 내어 읽어 보세요.

1	삶은	사른	│ 삼문 │ ○ │
2	읊고	읍꼬 ○	을꼬

26

✏ 읽은 글의 내용을 확인해 보세요.

1 할머니와 꽃님이에 대한 설명으로 알맞은 것에 ○표 하세요.

(1) 꽃님이는 할머니에게 한글을 배웠어요. ( )

(2) 꽃님이는 동시를 더듬더듬 읊을 수 있어요. (○)

2 이 글에서 할머니가 쓰기 힘들어한 것은 무엇인지 빈칸에 알맞은 말을 쓰세요.

→ 할머니는 │ 겹 │ 받 │ 침 │ 을 쓰기 힘들어한다.

3 할머니에게 동시를 읊어 드린 꽃님이의 마음으로 알맞은 것은 무엇일까요? (3)

① 할머니가 자꾸 책을 읽어 달라고 해서 곤란하다.
② 할머니보다 한글을 잘 읽는 것을 자랑하고 싶다.
③ 할머니는 눈이 침침해서 책을 읽기 힘드시니까 종종 도와드려야겠다.

4 다음 뜻과 낱말을 알맞게 연결하세요.

· 매미

8~10월에 풀밭에서 가을을 알리듯이 우는 곤충. ── 귀뚜라미

📖 정답 6쪽

27

국어 창작 동화

설날에는 모두 모여요

미리 보기

설날 아침, 강릉 할머니 댁에서

오늘의 맞춤법 소리와 모양이 다른 여러 가지 말 1 [ㄴ], [ㄹ]로 소리 나는 말

받침의 ㅇ 받침이 뒷말의 ㄹ과 만나면 ㄹ은 [ㄴ]으로 소리 나요. '강릉'은 [강능]으로 발음하지요. '설날'처럼 앞말의 받침이 ㄹ일 때 뒷말의 첫소리 ㄴ은 [ㄹ]로 소리 나요. '난로'처럼 뒷말의 첫소리가 ㄹ일 때 앞말의 ㄴ 받침도 [ㄹ]로 소리 나요. '설날'은 [설ː랄], '난로'는 [날ː로]로 발음해요.

띄어쓰기 학습

✏️ 띄어 쓰는 부분을 확인하고, 또박또박 따라 쓰세요.

강릉 할머니 댁에 왔어요.

| 강 | 릉 | ∨ | 할 | 머 | 니 | ∨ | 댁 | 에 | ∨ | 왔 | 어 | 요 | . |

✏️ 문장의 순서에 맞게 빈칸에 알맞은 숫자를 쓰세요.

난로	옆에	앉았어요.	모여	모두가
2	3	5	4	1

30

맞춤법·어휘 학습

✏️ 다음 그림에 알맞은 낱말을 골라 ○표 하세요.

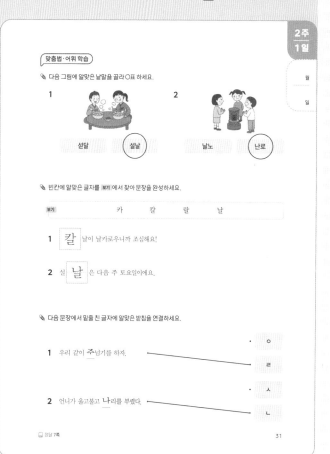

1 섣달   설날

2 날노   난로

✏️ 빈칸에 알맞은 글자를 보기 에서 찾아 문장을 완성하세요.

보기   카   칼   랄   날

1 칼 날이 날카로우니까 조심해요!

2 설 날 은 다음 주 토요일이에요.

✏️ 다음 문장에서 밑줄 친 글자에 알맞은 받침을 연결하세요.

1 우리 같이 주님기를 하자.   · ㅇ
                              · ㄹ

2 언니가 울고불고 나리를 부렸다.   · ㅅ
                                    · ㄴ

정답 7쪽

31

독해력 학습 설날에는 모두 모여요

자료 듣기

보윤이는 꽉 막힌 고속도로를 지나 강릉 할머니 댁에 왔어요. 할머니가 보윤이를 꼭 안아 주셨어요.

"보윤이도 조몰조몰 떡을 만들어 볼까?"

보윤이네 가족은 둘러앉아 명절 음식을 만들었어요. 엄마와 큰엄마는 지글지글 전을 부치고, 아빠와 보윤이는 보름달 모양, 반달 모양 만두를 빚었어요.

"이 많은 음식을 다 누가 먹어요?"

"차례*상에 올리면 조상님들이 와서 먹지."

"귀신이요?"

보윤이가 깜짝 놀라자 어른들이 껄껄 웃었어요.

설날 아침, 보윤이는 설레는 마음으로 일어났어요. 부엌에서 맛있는 떡국 냄새가 솔솔 났어요.

"보윤아, 차례 지내."

보윤이는 귀신이 왔을까 봐 살금살금 거실에 가 보았어요. 차례상이 풍성하게 차려 있었어요. 차례를 지내고 할머니, 큰아빠, 큰엄마, 사촌 언니까지 모두가 난로 옆에 모여 떡국을 먹었어요.

"보윤이 떡국 먹고 나이도 한 살 더 먹겠네!"

떡국을 먹고, 보윤이는 웃어른께 세배*를 드렸어요.

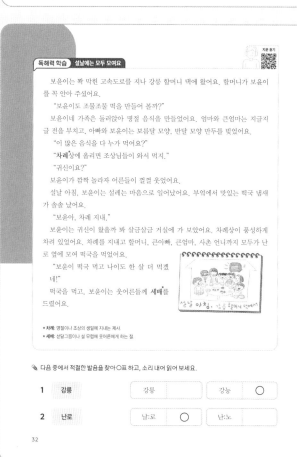

★차례: 명절이나 조상의 생일에 지내는 제사
★세배: 섣달그믐이나 설 무렵에 웃어른에게 하는 절

✏️ 다음 중에서 적절한 발음을 찾아 ○표 하고, 소리 내어 읽어 보세요.

1 강릉   강릉   강능 ○

2 난로   날ː로 ○   난ː노

32

읽은 글의 내용을 확인해 보세요.

1 이 글에서 보윤이는 설날에 어디에 있나요?

글의 중심 찾기

➡ 보윤이는 설날에 강 릉 할머니 댁에 있었어요.

2 어른들이 껄껄 웃은 까닭으로 가장 알맞은 것은 무엇인가요? (2)

내용 이해하기

① 보윤이가 만두를 맛있게 빚었기 때문이다.
② 보윤이가 명절 음식을 귀신이 먹는다고 생각했기 때문이다.
③ 한복을 입은 보윤이가 예뻤기 때문이다.

3 보윤이네 할머니 댁에서 설날에 하는 일이 아닌 것에 ○표 하세요.

내용 이해하기

| 송편 만들기 | (○) | 차례 지내기 | ( ) |
| 떡국 먹기 | ( ) | 세배하기 | ( ) |

4 다음 문장에 알맞은 낱말을 보기 에서 찾아 쓰세요.

어휘 익히기

보기   차례   세배

(1) 친척 어른들께 세 배 를 했다.

(2) 한복을 입고 차 례 를 지냈다.

정답 7쪽

33

7

2주

2일

사회 체험 보고서

악기 박물관 체험 학습

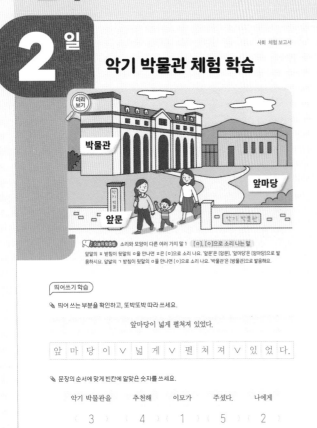

박물관

앞마당

앞문

악기 박물관

오늘의 맞춤법 소리와 모양이 다른 여러 가지 말 1 [ㅁ], [ㅇ]으로 소리 나는 말

앞말의 ㅍ 받침이 뒷말의 ㅁ을 만나면 [ㅁ]으로 소리 나요. '앞문'은 [암문], '앞마당'은 [암마당]으로 발음하시오. 앞말의 ㄱ 받침이 뒷말의 ㅁ을 만나면 [ㅇ]으로 소리 나요. '박물관'은 [방물관]으로 발음해요.

띄어쓰기 학습

✎ 띄어 쓰는 부분을 확인하고, 또박또박 따라 쓰세요.

앞마당이 넓게 펼쳐져 있었다.

| 앞 | 마 | 당 | 이 | ∨ | 넓 | 게 | ∨ | 펼 | 쳐 | 져 | ∨ | 있 | 었 | 다 . |

✎ 문장의 순서에 맞게 빈칸에 알맞은 숫자를 쓰세요.

악기 박물관을	추천해	이모가	주셨다.	나에게
(3)	(4)	(1)	(5)	(2)

34

월
일

맞춤법·어휘 학습

✎ 다음 문장에서 알맞은 말을 골라 ○표 하세요.

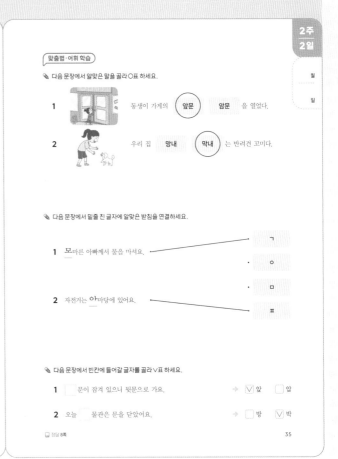

1 동생이 가게의 (앞문) 암문 을 열었다.

2 우리 집 맏내 (막내) 는 반려견 꼬미다.

✎ 다음 문장에서 밑줄 친 글자에 알맞은 받침을 연결하세요.

1 모마른 아빠께서 물을 마셔요. ・ ・ ㄱ
・ ・ ㅇ
・ ・ ㅁ
2 자전거는 아마당에 있어요. ・ ・ ㅍ

✎ 다음 문장에서 빈칸에 들어갈 글자를 골라 ∨표 하세요.

1 ☐문이 잠겨 있으니 뒷문으로 가요. → ∨ 앞 ☐ 압

2 오늘 ☐물관은 문을 닫았어요. → ☐ 방 ∨ 박

35

독해력 학습 · 악기 박물관 체험 학습

지문 듣기

체험 학습 보고서

성명	남준호	새빛 초등학교 2 학년 3 반	
체험 장소	악기 박물관	함께한 사람	엄마, 이모
체험 기간	20**년 4 월 8 일		

체험 학습 내용

요즘 내가 피아노 연습을 게을리하니까 이모가 체험 학습 장소로 악기 박물관을 추천해 주셨다. 나는 가고 싶지 않았지만 엄마가 학교에 가는 대신 함께 다녀오자고 하셔서 악기 박물관에 갔다.

박물관 앞문으로 들어가니 앞마당이 넓게 펼쳐져 있었다.

악기 박물관의 출입문을 들어서면 매표소와 1층 전시실이 있다. 1층에는 건반 악기 전시실이 있는데 피아노 연주를 직접 할 수 있다. 모차르트, 바흐 같은 작곡가들의 초상화가 그려진 계단을 올라가면 2층 전시실이 나온다.

2층에는 바이올린, 첼로, 가야금을 볼 수 있는 **현악기** 전시실이 있다. 3층에는 트럼펫, 플루트 같은 **관악기**가 전시되어 있다. 생김새와 음의 높낮이가 다른 악기들을 직접 연주해 본 것이 무척 재미있었다.

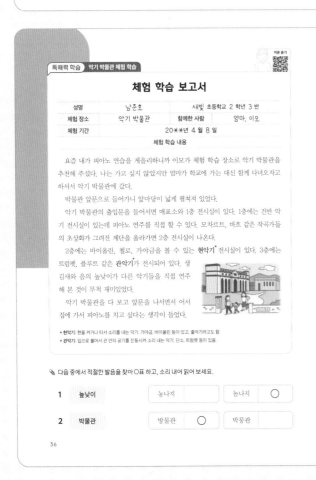

악기 박물관을 다 보고 앞문을 나서면서 어서 집에 가서 피아노를 치고 싶다는 생각이 들었다.

* 현악기: 현을 켜거나 타서 소리를 내는 악기. 가야금, 바이올린 등이 있고, 줄악기라고도 함
* 관악기: 입으로 불어서 관 안의 공기를 진동시켜 소리 내는 악기. 단소, 트럼펫 등이 있음

✎ 다음 중에서 적절한 발음을 찾아 ○표 하고, 소리 내어 읽어 보세요.

1 높낮이 농나지 (놈나지 ○)

2 박물관 (방물관 ○) 박뭉관

36

✎ 읽은 글의 내용을 확인해 보세요.

1 이모가 체험 학습 장소로 악기 박물관을 추천한 까닭으로 알맞은 것은 무엇인가요? (2)

① 준호의 엄마가 악기를 사고 싶어 했기 때문이다.
② 준호가 피아노 연습을 게을리하기 때문이다.
③ 이모가 운영하는 박물관이기 때문이다.

2 준호가 악기 박물관에서 본 악기를 모두 골라 ○표 하세요.

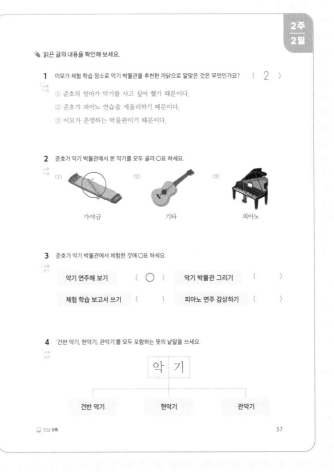

(1) 가야금 (2) 기타 (3) 피아노

3 준호가 악기 박물관에서 체험한 것에 ○표 하세요.

악기 연주해 보기	(○)	악기 박물관 그리기	( )
체험 학습 보고서 쓰기	( )	피아노 연주 감상하기	( )

4 '건반 악기, 현악기, 관악기'를 모두 포함하는 뜻의 낱말을 쓰세요.

악 기

건반 악기 — 현악기 — 관악기

37

3일

과학 설명문

펭귄 사회의 규칙

미리보기

걷히다

해돋이

붙이다

🔊 **오늘의 맞춤법** 소리와 모양이 다른 여러 가지 말 1 [ㅈ], [ㅊ]으로 소리 나는 말

ㄷ, ㅌ 받침이 '이'를 만나면 ㄷ은 [ㅈ], ㅌ은 [ㅊ]으로 소리 나요. '해돋이'는 [해도지], '붙이다'는 [부치다]로 발음하지요. ㄷ, ㅌ 받침 다음에 '히'가 와도 [ㅈ]이나 [ㅊ] 소리 나요. '걷히다'는 [거치다]로 발음해요.

띄어쓰기 학습

✏️ 띄어 쓰는 부분을 확인하고, 또박또박 따라 쓰세요.

서로 몸을 붙이고 있어요.

서	로	∨	몸	을	∨	붙	이	고	∨	있	어	요	.

✏️ 문장의 순서에 맞게 빈칸에 알맞은 숫자를 쓰세요.

걷히고	먹구름이	해돋이가	시작되어요.
2	1	3	4

38

맞춤법·어휘 학습

✏️ 빈칸에 알맞은 낱말을 **보기**에서 찾아 문장을 완성하세요.

보기	걷히다	붙이다	달무리	해돋이

1 드디어 먹구름이 걷 히 다

2 새해 첫날 아침에 해 돋 이 를 보았어요.

3 짝꿍의 의자를 내 의자 옆에 붙 이 다 .

✏️ 바르게 쓴 말을 골라 ○표 하고, 빈칸에 쓰세요.

1 친구와 나는 **가치** (**같이**) 서 있다.

→ 같 이

2 엄마가 (**등받이**) **등바지** 가 있는 의자를 사 주셨다.

→ 등 받 이

✏️ 다음 문장에서 빈칸에 들어갈 글자를 골라 ∨표 하세요.

1 책상에 종이를 □□여요. → □ 부   ☑ 붙

2 안개가 □□여서 집에 갈 수 있어요. → □ 거   ☑ 걷

독해력 학습 펭귄 사회의 규칙

지문 듣기

남극은 지구의 가장 남쪽에 있는 지역이에요. 자동차가 쌩 지나가듯 빠르게 찬바람이 휘몰아치고, 사방은 얼음으로 둘러싸여 있지요. 이러한 추위 속에서 황제펭귄은 알을 어떻게 지킬까요?

가을이 끝나 갈 무렵, 암컷 펭귄이 알을 낳으면 수컷 펭귄은 발 위에 알을 올려놓고 있어요. 특별히 발위에 올려놓는 이유는 알을 배로 감싸 안아 따뜻하게 품기 위해서예요.

혹독한 바람이 부는 겨울밤이에요. 알을 품은 황제펭귄들은 서로 몸을 붙이고 무리 지어서 바람의 반대쪽으로 고개를 숙이고 있어요. 무리의 안쪽에 선 펭귄들은 체온이 높지만 바깥에 선 펭귄들은 찬바람을 고스란히 맞아서 체온이 낮아져요. 이때 펭귄들은 조금씩 움직여 맨 끝자리 **당번**을 안쪽으로 바꿔 주어요. 그러면 모두가 따뜻하게 있을 수 있어요.

어느덧 긴 밤이 지나, 펭귄들의 머리 위로 먹구름이 걷히고 해돋이가 시작되어요. 이제 아침이에요. 긴밤에 펭귄들은 서로서로 도우며 추위를 이겨 내고 알과 새끼를 지켜 냈어요.

* **혹독하다:** 몹시 심하다.
* **당번:** 어떤 일을 책임지고 돌보는 차례가 됨 또는 그 차례가 된 사람

✏️ 다음 중에서 적절한 발음을 찾아 ○표 하고, 소리 내어 읽어 보세요.

1	해돋이	해도지 ○	해돋지
2	걷히고	거티고	거치고 ○

40

✏️ 읽은 글의 내용을 확인해 보세요.

1 이 글에서 펭귄들은 겨울밤을 어떻게 보냈는지 빈칸에 알맞은 말을 쓰세요.

→ 서로 몸을 붙 이 고 서서, 조금씩 움직여 끝자리를 바꾸어요.

2 남극에 대한 설명으로 알맞은 것을 찾아 연결하세요.

위치 ——————— 사방이 얼음으로 둘러싸여 있다.

특징 ——————— 지구의 가장 남쪽에 있다.

3 황제펭귄들이 밤에 모두 따뜻하게 있을 수 있는 까닭으로 알맞은 것은 무엇인가요? (3)

① 펭귄들이 서로 떨어져 있기 때문이다.

② 남극에 따뜻한 바람이 불기 때문이다.

③ 맨 끝자리 당번을 안쪽으로 바꿔 주기 때문이다.

4 다음과 같은 뜻의 낱말을 이 글에서 찾아 쓰세요.

어떤 일을 책임지고 돌보는 차례가 된 사람

당 번

2주

4일

통합 논설문

걷기 운동을 해 봐요

📢 **오늘의 맞춤법** 소리와 모양이 다른 여러 가지 말 1 된소리로 나는 말 1

낱말의 받침이 ㄱ, ㄷ, ㅂ일 때 뒷말의 첫 자음자 ㄱ은 [ㄲ], ㅅ은 [ㅆ]으로 소리 나요. '학교'는 [학꾜], '걷기'는 [걷끼], '밥상'은 [밥쌍]으로 발음해요.

띄어쓰기 학습

✏️ 띄어 쓰는 부분을 확인하고, 또박또박 따라 쓰세요.

걷는 것도 운동이 될까요?

걷	는	∨	것	도	∨	운	동	이	∨	될	까	요	?

✏️ 문장의 순서에 맞게 빈칸에 알맞은 숫자를 쓰세요.

반찬이	밥상	맛있어	위의	보인다.
(3)	(1)	(4)	(2)	(5)

맞춤법·어휘 학습

✏️ 다음 그림에 알맞은 낱말을 골라 ○표 하세요.

1 깍뚜기 / 깍두기

2 입쑬 / 입술

✏️ 빈칸에 알맞은 글자를 보기 에서 찾아 문장을 완성하세요.

보기	기	끼	밥	빱

1 **밥** 상 위에 국 **밥** 이 놓여 있었다.

2 반찬으로 깍두 **기** 를 먹은 다음에 걷 **기** 를 하자.

✏️ 다음 문장에서 맞춤법에 맞는 말을 골라 ○표 하고, 빈칸에 바르게 쓰세요.

1 방학이 끝나고 즐거운 마음으로 (학교) / 하꾜 로 향했어요. ➡ 학 교

2 점심으로 나온 김밥을 맛있게 (먹다) / 먹따 . ➡ 먹 다

독해력 학습 걷기 운동을 해 봐요

지문 듣기

걷는 것도 운동이 될까요? 걷기는 돈이 들지 않고 장비가 필요하지 않으며 팀을 이룰 필요가 없고, 따로 기술을 배울 필요도 없어요. 그런데도 걷기는 운동으로써 큰 **효과**가 있어요.

첫째, 걷기를 꾸준히 하면 다리 근육의 힘이 세지고 뼈가 튼튼해져요. 둘째, 빠른 속도로 꾸준히 걸으면 혈액 순환과 심장병의 **예방**에 좋고, 다이어트의 효과가 있어요. 셋째, 햇빛을 보며 걸으면 스트레스와 **우울**한 감정이 해소되고 정신 건강에 도움이 돼요.

패스트푸드를 많이 먹고 운동을 적게 하며 일찍 비만이 되는 어린이의 수가 늘고 있어요. 가족이나 친구와 함께 학교까지 걷기 운동을 해 봐요. 밥상 위의 모든 반찬이 맛있어 보이고 밥맛이 좋아질 거예요. 무엇보다 건강한 몸과 마음을 갖는 데 무척 도움이 될 거예요.

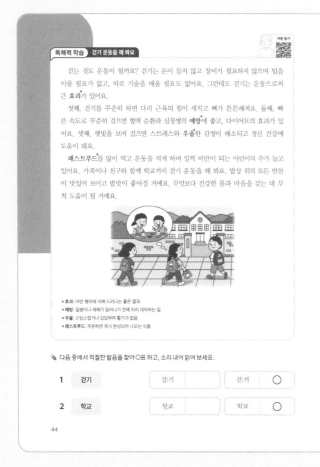

* **효과**: 어떤 행위에 의해 드러나는 좋은 결과.
* **예방**: 질병이나 재해가 일어나기 전에 미리 대처하는 일.
* **우울**: 근심스럽거나 답답하여 활기가 없음.
* **패스트푸드**: 주문하면 즉시 완성되어 나오는 식품.

✏️ 다음 중에서 적절한 발음을 찾아 ○표 하고, 소리 내어 읽어 보세요.

1 걷기   걷:기   걷:끼 ○

2 학교   핫교   학꾜 ○

✏️ 읽은 글의 내용을 확인해 보세요.

1 이 글은 무엇에 대해 주장하는 글인지 알맞은 것에 ○표 하세요.

달리기의 효과	걷기의 효과	휴식의 효과
( )	(○)	( )

2 걷기의 장점으로 알맞은 것에 ○표 하세요.

(1) 장비가 많이 필요해요. ( )

(2) 따로 기술을 배울 필요가 없어요. (○)

3 이 글의 내용으로 알맞지 않은 것은 무엇인가요? (3)

① 걷기를 꾸준히 하면 다리 근육의 힘을 키울 수 있다.

② 스트레스와 우울한 감정이 해소되고 정신 건강에 도움이 된다.

③ 걷기 운동을 하면 친구보다 학교에 빨리 갈 수 있다.

4 보기 의 뜻을 보고, 다음 문장에 알맞은 낱말을 쓰세요.

보기	주문하면 즉시 완성되어 나오는 식품.

형은 패 스 트 푸 드 를 즐겨 먹어요.

5일

통합 맞춤법 동화

눈사람 친구

미리 보기

담벼락
눈동자
눈사람

📢 **오늘의 맞춤법** 소리와 모양이 다른 여러 가지 말 1 | 된소리로 소리 나는 말 2

ㄴ의 받침이 ㄴ, ㅁ일 때 뒷말의 첫 자음자 ㄷ은 [ㄸ], ㅂ은 [ㅃ], ㅅ은 [ㅆ]으로 소리 나요. '눈동자는 [눈똥자], '담벼락'은 [담뼈락], '눈사람'은 [눈싸람]으로 발음해요.

띄어쓰기 학습

✏️ 띄어 쓰는 부분을 확인하고, 또박또박 따라 쓰세요.

촉촉한 물방울만 남았어요.

촉	촉	한	∨	물	방	울	만	∨	남	았	어	요	.

✏️ 문장의 순서에 맞게 빈칸에 알맞은 숫자를 쓰세요.

기대어	담벼락에	눈사람을	하오룽은	바라보았어요.
(3)	(2)	(4)	(1)	(5)

46

맞춤법·어휘 학습

✏️ 다음 문장에서 알맞은 말을 골라 ○표 하세요.

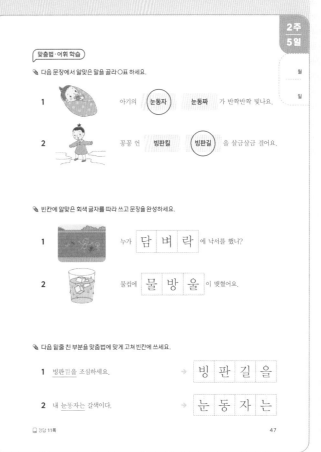

1 아기의 (눈동자) 눈동짜 가 반짝반짝 빛나요.

2 꽁꽁 언 빙판킬 (빙판길) 을 살금살금 걸어요.

✏️ 빈칸에 알맞은 회색 글자를 따라 쓰고 문장을 완성하세요.

1 누가 | 담 | 벼 | 락 | 에 낙서를 했나?

2 물컵에 | 물 | 방 | 울 | 이 맺혔어요.

✏️ 다음 밑줄 친 부분을 맞춤법에 맞게 고쳐 빈칸에 쓰세요.

1 빙판킬을 조심하세요. → | 빙 | 판 | 길 | 을 |

2 내 눈똥자는 갈색이다. → | 눈 | 동 | 자 | 는 |

독해력 학습 눈사람 친구

지문 듣기

밤사이 **함박눈**이 내려서 연이와 하오룽은 눈사람을 만들었어요.

"얘는 눈사람이야. 너처럼 눈동자가 커."

연이가 하오룽에게 말했지만 하오룽은 "누사람? 누동좌?"라고 되물었어요.

하오룽은 중국에서 온 친구라서 우리말에 서툴러요.

"우리말은 ㄴ 받침 뒤에 자음자로 시작하는 말이 오면 **된소리**가 나. 눈싸람, 눈똥자 이렇게 소리 내 봐."

하오룽은 연이의 말을 따라 하며 눈사람의 눈동자로 크고 빨간 단추를 끼워 주었어요.

연이와 하오룽은 담벼락에 기대어 눈사람을 바라보았어요. 하오룽이 연이에게 말했어요.

"눈싸람, 우리 친구 같다."

이튿날 아침, 하오룽이 가족과 함께 중국으로 돌아가는 날이에요. 연이는 하오룽과 헤어지는 것이 섭섭했어요. 담벼락 앞에는 어제 만든 눈사람이 아직 서 있었어요.

연이가 하오룽에게 말했어요.

"하오룽, 중국에 가서도 눈사람 친구 만들어!"

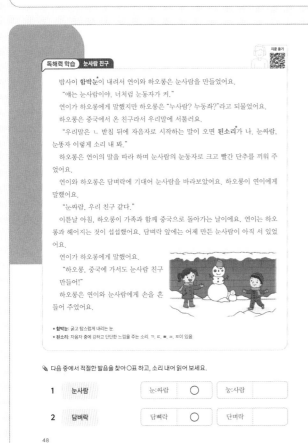

하오룽은 연이와 눈사람에게 손을 흔들어 주었어요.

* **함박눈**: 굵고 탐스럽게 내리는 눈
* **된소리**: 자음자 중에 강하고 단단한 느낌을 주는 소리. ㄲ, ㄸ, ㅃ, ㅆ, ㅉ이 있음

✏️ 다음 중에서 적절한 발음을 찾아 ○표 하고, 소리 내어 읽어 보세요.

1 눈사람   눈:싸람 ○   눙:사람

2 담벼락   담뼈락 ○   단벼락

48

✏️ 읽은 글의 내용을 확인해 보세요.

1 하오룽은 어느 나라에서 온 친구인지 알맞은 것에 ○표 하세요.

영국	미국	중국
( )	( )	(○)

2 이 글의 내용으로 알맞은 것에 ○표 하세요.

(1) 하오룽은 연이가 만든 눈사람이다. (   )

(2) 연이와 하오룽은 같이 눈사람을 만들었다. (○)

3 연이가 하오룽에게 중국에 가서도 눈사람을 만들라고 한 까닭은 무엇인가요? (1)

① 하오룽과 헤어지는 것이 섭섭했기 때문이다.

② 눈사람은 금세 녹기 때문이다.

③ 중국에는 눈이 많이 오기 때문이다.

4 다음과 같은 뜻의 낱말을 이 글에서 찾아 쓰세요.

강하고 단단한 느낌을 주는 소리로 ㄲ, ㄸ, ㅃ, ㅆ, ㅉ이 있음.

| 된 | 소 | 리 |

1^일

국어 편지

강봉남 할머니께

미리보기

색연필
단풍잎
은행잎

🖊 오늘의 맞춤법 소리와 모양이 다른 여러 가지 말 2 [ㄴ] 소리가 덧나는 말

'색연필', '단풍잎', '은행잎'처럼 두 개의 낱말이 합쳐져서 하나의 낱말이 될 때 [ㄴ] 소리가 더해져 소리 나는 경우가 있어요. '색연필'은 [생년필], '단풍잎'은 [단풍닙], '은행잎'은 [은행닙]으로 발음해요.

띄어쓰기 학습

🖊 띄어 쓰는 부분을 확인하고, 또박또박 따라 쓰세요.

색연필로 그린 그림을 드려요.

색	연	필	로	∨	그	린	∨	그	림	을	∨	드	려	요	.

🖊 문장의 순서에 맞게 빈칸에 알맞은 숫자를 쓰세요.

바람이	불어요.	한여름도	지나고	이제
(4)	(5)	(2)	(3)	(1)

52

맞춤법·어휘 학습

🖊 다음 그림에 알맞은 낱말을 골라 ○표 하세요.

1

으냉닙   (은행잎)

2

(한여름)   한녀름

🖊 빈칸에 알맞은 회색 글자를 따라 쓰고 문장을 완성하세요.

1

색	연	필	로 그림을 그려요.

2

호	박	잎	에 밤을 싸 먹어요.

🖊 다음 문장에서 맞춤법에 맞는 말을 골라 ○표 하고, 빈칸에 바르게 쓰세요.

1   단풍닙   (단풍잎)   을 주워 엄마에게 주었어요.

→ | 단 | 풍 | 잎 |

2   매미는   한녀름   (한여름)   에 맴맴 울어요.   → | 한 | 여 | 름 |

📱 정답 12쪽

53

독해력 학습   강봉남 할머니께

지문 듣기

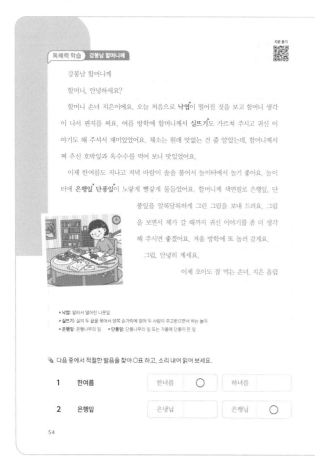

강봉남 할머니께

할머니, 안녕하세요?

할머니 손녀 지은이에요. 오늘 처음으로 **낙엽**이 떨어진 것을 보고 할머니 생각이 나서 편지를 써요. 여름 방학에 할머니께서 **실뜨기**도 가르쳐 주시고 귀신 이야기도 해 주셔서 재미있었어요. 채소는 원래 맛없는 건 줄 알았는데, 할머니께서 쪄 주신 호박잎과 옥수수를 먹어 보니 맛있었어요.

이제 한여름도 지나고 저녁 바람이 솔솔 불어서 놀이터에서 놀기 좋아요. 놀이터에 **은행잎***단풍잎이 노랗게 빨갛게 물들었어요. 할머니께 색연필로 은행잎, 단풍잎을 알록달록하게 그린 그림을 보내 드려요. 그림을 보면서 제가 갈 때까지 귀신 이야기를 좀 더 생각해 주시면 좋겠어요. 겨울 방학에 또 놀러 갈게요.

그럼, 안녕히 계세요.

이제 오이도 잘 먹는 손녀, 지은 올림

* **낙엽**: 말라서 떨어진 나뭇잎.
* **실뜨기**: 실의 두 끝을 묶어서 양쪽 손가락에 얽어 두 사람이 주고받으면서 하는 놀이.
* **은행잎**: 은행나무의 잎.   * **단풍잎**: 단풍나무의 잎 또는 가을에 단풍이 든 잎.

🖊 다음 중에서 적절한 발음을 찾아 ○표 하고, 소리 내어 읽어 보세요.

1	한여름	한녀름 ○	하녀름
2	은행잎	은냉닙	은행닙 ○

54

🖊 읽은 글의 내용을 확인해 보세요.

1 지은이는 무엇을 보고 할머니 생각이 나서 편지를 썼나요?

바다	눈	낙엽
( )	( )	(○)

2 지은이가 할머니 댁에서 한 일과 먹은 음식을 찾아 연결하세요.

할머니 댁에서 한 일 ╳ 호박잎과 옥수수

할머니 댁에서 먹은 음식 ╳ 귀신 이야기 듣기

3 지은이가 할머니께 편지와 함께 보낸 것은 무엇인가요?   (1)

① 은행잎과 단풍잎을 그린 그림
② 호박잎과 옥수수
③ 놀이터에서 주운 낙엽

4 보기 의 뜻을 보고, 알맞은 낱말을 찾아 ○표 하세요.

보기   실의 두 끝을 묶어서 양쪽 손가락에 얽어 두 사람이 주고받으며 여러 가지 모양을 만드는 놀이.

술래잡기	실뜨기 ○	공기놀이

📱 정답 12쪽

55

2일

사회 설명문

땅속 지도, 지하철 노선도

미리보기

소리와 모양이 다른 여러 가지 말 2 [ㄹ] 소리가 덧나는 말

'서울역', '전철역'처럼 두 개의 낱말이 합쳐져 하나의 낱말이 될 때 [ㄹ] 소리가 더해져 나는 경우가 있어요. '서울역'은 [서울력], '전철역'은 [전철력], '풀잎'은 [풀립]으로 발음해요.

띄어쓰기 학습

✎ 띄어 쓰는 부분을 확인하고, 또박또박 따라 쓰세요.

풀잎과 하늘이 보여요.

풀	잎	과	∨	하	늘	이	∨	보	여	요	.

✎ 문장의 순서에 맞게 빈칸에 알맞은 숫자를 쓰세요.

그려져	동그라미가	전철역	이름과	있어요.
4	3	1	2	5

56

맞춤법·어휘 학습

✎ 다음 그림을 보고, 빈칸에 알맞은 글자를 쓰세요.

1 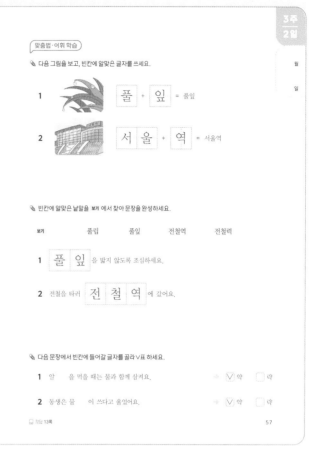 풀 + 잎 = 풀잎

2 서 울 + 역 = 서울역

✎ 빈칸에 알맞은 낱말을 보기 에서 찾아 문장을 완성하세요.

보기   풀립   품잎   전철역   전철력

1 풀 잎 을 밟지 않도록 조심하세요.

2 전철을 타러 전 철 역 에 갔어요.

✎ 다음 문장에서 빈칸에 들어갈 글자를 골라 ✓표 하세요.

1 알　을 먹을 때는 물과 함께 삼켜요.　➡ ✓약 　□략

2 동생은 물　이 쓰다고 울었어요.　➡ ✓약 　□략

📱 정답 13쪽

57

독해력 학습 **땅속 지도, 지하철 노선도**

색색깔의 선과 동글동글 점이 찍힌 지도가 있을까요? 바로 지하철 노선도랍니다. 지하철 노선도에는 **전철역** 이름과 동그라미가 그려져 있어요. '1호선, 2호선과 같은 전철 노선은 파란색, 초록색으로 구별해 놓았지요. 서울역같이 여러 노선이 지나는 환승역은 굵은 글씨로 진하게 표시되어 있어요. 노선이 다른 역으로 갈 때는 이런 환승역을 통해 갈아탈 수 있어요.

　지하철을 타고 목적지에 가는 방법은 다음과 같아요. 먼저 목적지를 정하고, 지하철 노선도에서 어느 역들을 지나는지 확인해요. 지하철 표를 구입한 다음, 구입한 지하철 표를 **개찰구**에 찍으면 **승강장**에 들어가거나 나갈 수 있어요. 만약 교통카드가 있으면 표를 구입하지 않아도 되지요.

　지하철은 역에 따라서 땅 위로 올라와 풀잎과 하늘이 보이는 곳을 달리기도 하고, 감감한 땅속 터널을 달리기도 해요. 목적지 역 이름을 알리는 안내 방송이 나오고 지하철이 멈추면 천천히 내려요.

　지하철 여행, 할 수 있겠지요? 그럼 이제 땅속 지도 지하철 노선도를 가방 속에 챙겨요.

* 전철역: 전철 노선의 역
* 개찰구: 차표나 입장권을 들어가는 입구에서 검사하고 사람들을 안으로 받아들이는 곳
* 승강장: 정거장이나 정류소에서 차를 타고 내리는 곳

✎ 다음 중에서 적절한 발음을 찾아 ○표 하고, 소리 내어 읽어 보세요.

1	알약	아략		알략	○
2	서울역	서울력	○	서우력	

58

✎ 읽은 글의 내용을 확인해 보세요.

1 이 글에서 설명하지 않은 것에 ○표 하세요.

지하철을 타고 목적지에 가는 방법　　　각 지역의 지하철 이용 요금

　（ 　 ）　　　　　　　　　（ ○ ）

2 지하철을 타는 순서 중 ㉠에 들어갈 내용으로 알맞은 것은 무엇인가요?　（ 3 ）

목적지 정하기 ➡ ㉠ ➡ 지하철 표 구입하기 ➡ 개찰구에 표를 찍고 들어가기

① 개찰구에 표를 찍고 나오기
② 목적지를 알리는 안내 방송 듣기
③ 지하철 노선도에서 어느 역들을 지나는지 확인하기

3 이 글의 내용으로 알맞지 않은 것은 무엇인가요?　（ 1 ）

① 지하철은 항상 땅속으로만 다닌다.
② 전철 노선은 색으로 구별되어 있다.
③ 환승역은 굵은 글씨로 진하게 표시되어 있다.

4 보기 에서 잘못 쓴 낱말을 바르게 고쳐 쓰세요.

보기　지하철 표를 게찰구에 찍으면 승강장에 들어갈 수 있어요.

개 찰 구

📱 정답 13쪽

59

국어 설명문

비를 표현하는 말

햇살

나뭇가지

빗방울

꼭 알아둘 맞춤법 소리와 모양이 다른 여러 가지 말 2 사이시옷이 붙는 말 1

두 낱말이 합쳐서 한 낱말이 될 때 낱말과 낱말 사이에 ㅅ 받침을 넣은 낱말들이 있어요. 이러한 낱말들을 읽을 때 뒷말의 첫소리 'ㄱ, ㄷ, ㅂ, ㅅ, ㅈ'은 'ㄲ, ㄸ, ㅃ, ㅆ'으로 소리 나요. '햇살'은 [해쌀/핻쌀], '빗방울'은 [비빵울/빋빵울], '나뭇가지'는 [나무까지/나묻까지]로 발음해요.

띄어쓰기 학습

✎ 띄어 쓰는 부분을 확인하고, 또박또박 따라 쓰세요.

> 빗방울이 송알송알 맺혀요.

| 빗 | 방 | 울 | 이 | ∨ | 송 | 알 | 송 | 알 | ∨ | 맺 | 혀 | 요 | . |

✎ 문장의 순서에 맞게 빈칸에 알맞은 숫자를 쓰세요.

비쳐요.	비가	햇살이	그치고
(4)	(1)	(3)	(2)

60

맞춤법·어휘 학습

✎ 다음 그림을 보고, 알맞은 글자를 쓰세요.

1 비 + 방울 = | 빗 | 방 | 울 |

2 나무 + 가지 = | 나 | 뭇 | 가 | 지 |

✎ 다음 그림을 보고, 맞춤법에 맞는 문장을 찾아 연결하세요.

1
• 책상 위로 해살이 비쳐요.
• 책상 위로 햇살이 비쳐요.

2
• 나뭇가지가 부러졌다.
• 나무가지가 부러졌다.

✎ 다음 밑줄 친 부분을 맞춤법에 맞게 고쳐 빈칸에 쓰세요.

1 창밖으로 후드득후드득 <u>비쏘리가</u> 나요. → | 빗 | 소 | 리 | 가 |

2 <u>비짜루로</u> 마당을 쓸어요. → | 빗 | 자 | 루 | 로 |

정답 14쪽

61

독해력 학습 비를 표현하는 말

지문 듣기

비의 모양과 빗소리를 나타내는 말을 알아볼까요?

조용히 내리는 봄비나 이슬비는 보슬보슬 내려요. 빗방울이 가늘지만 이슬비보다는 조금 굵은 가랑비는 부슬부슬 내린다고 해요. 갑자기 세게 쏟아지는 소나기는 주룩주룩, 축축하게 종일 내리는 비나 **진눈깨비**는 추적추적 내린다고 하지요. 빗줄기가 장대처럼 굵고 거세게 오는 장대비는 좍좍 쏟아져요. 보슬보슬, 부슬부슬, 주룩주룩, 추적추적, 좍좍! 빗방울의 느낌이 전해지지요?

비가 그치고 **햇살**이 비치면 나뭇가지 사이에는 빗방울이 송알송알 맺혀요. 하늘에는 일곱 빛깔 아름다운 무지개가 뜰 때도 있어요. '가랑비에 옷 젖는 줄 모른다'라는 속담 들어 보았나요? 사소한 것이라도 반복되면 무시하지 못할 정도로 크게 된다는 뜻이에요. 아름다운 비의 이름과 비의 소리나 모양을 흉내 내는 말, 비에 얽힌 속담도 하나씩 알아 두면 가랑비에 옷 젖는 줄 모르게 지식이 쌓일 거예요.

* **진눈깨비**: 비가 섞여 내리는 눈.
* **햇살**: 해에서 나오는 빛의 줄기.

✎ 다음 중에서 적절한 발음을 찾아 ○표 하고, 소리 내어 읽어 보세요.

1 빗소리 | 비쏘리/빋쏘리 ○ | 비소리/빈소리 |

2 햇살 | 해쌀/핻쌀 ○ | 해살/핸쌀 |

62

✎ 읽은 글의 내용을 확인해 보세요.

1 이 글은 무엇에 대해 설명하는 글인지 알맞은 것에 ○표 하세요.

비가 오는 이유	빗소리를 듣는 방법	비의 모양과 소리
( )	( )	(○)

2 이 글에 나온 비의 이름과 비의 소리나 모양을 흉내 내는 말을 알맞게 연결하세요.

이슬비 ——————→ 주룩주룩
장대비 ——————→ 보슬보슬
소나기 ——————→ 좍좍

3 비가 그치고 햇살이 비치면 볼 수 있는 것은 무엇인가요? (3)

① 바짝 마른 나뭇가지
② 몰려오는 먹구름
③ 일곱 빛깔 무지개

4 다음 속담의 빈칸에 들어갈 알맞은 낱말에 ○표 하세요.

> | | | | 에 옷 젖는 줄 모른다.

가랑비 장대비 소나기

정답 14쪽

63

14

4일

과학 체험 보고서

스마트 농장에 다녀와서

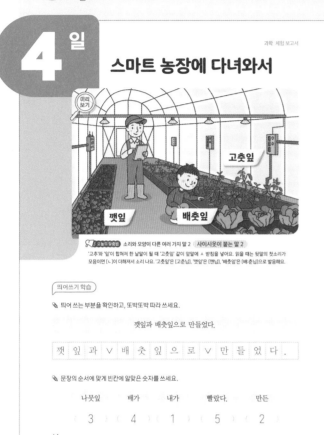

고춧잎
깻잎
배춧잎

📢 오늘의 맞춤법 소리와 모양이 다른 여러 가지 말 2 | 사이시옷이 붙는 말 2

'고추'와 '잎'이 합쳐져 한 낱말이 될 때 '고춧잎' 같이 앞말에 ㅅ 받침을 넣어요. 읽을 때는 뒷말의 첫소리가 모음이면 [ㄴ]이 더해져 소리 나요. '고춧잎'은 [고춘닙], '깻잎'은 [깬닙], '배춧잎'은 [배춘닙]으로 발음해요.

띄어쓰기 학습

✎ 띄어 쓰는 부분을 확인하고, 또박또박 따라 쓰세요.

깻잎과 배춧잎으로 만들었다.

| 깻 | 잎 | 과 | ∨ | 배 | 춧 | 잎 | 으 | 로 | ∨ | 만 | 들 | 었 | 다 | . |

✎ 문장의 순서에 맞게 빈칸에 알맞은 숫자를 쓰세요.

| 나뭇잎 | 배가 | 내가 | 빨랐다. | 만든 |
| (3) | (4) | (1) | (5) | (2) |

64

맞춤법·어휘 학습

✎ 다음 문장에 알맞은 말을 골라 ○표 하세요.

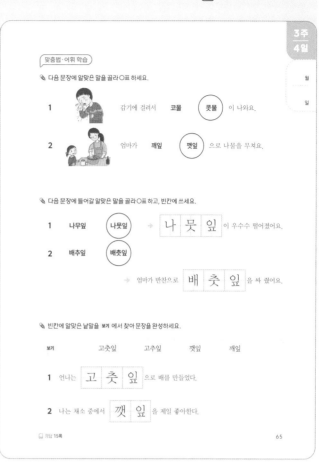

1 감기에 걸려서 **코물** (**콧물**) 이 나와요.

2 엄마가 **깨잎** (**깻잎**) 으로 나물을 무쳐요.

✎ 다음 문장에 들어갈 알맞은 말을 골라 ○표 하고, 빈칸에 쓰세요.

1 나무잎 (나뭇잎) → | 나 | 뭇 | 잎 | 이 우수수 떨어졌어요.

2 배추잎 (배춧잎)

→ 엄마가 반찬으로 | 배 | 춧 | 잎 | 을 싸 줬어요.

✎ 빈칸에 알맞은 낱말을 보기 에서 찾아 문장을 완성하세요.

보기   고춧잎   고추잎   깻잎   깨잎

1 언니는 | 고 | 춧 | 잎 | 으로 배를 만들었다.

2 나는 채소 중에서 | 깻 | 잎 | 을 제일 좋아한다.

정답 15쪽

65

독해력 학습 스마트 농장에 다녀와서

자료 듣기

체험 학습 보고서

성명	하동비		배움 초등학교 2 학년 5 반
체험 장소	스마트 농장	함께한 사람	사촌 형
체험 기간		20**년 6 월 18 일	

체험 학습 내용

삼촌이 스마트 농장을 보여 주신다고 하여 사촌 형과 함께 농장에 갔다. **비닐하우스**에 들어가자, 깨, 고추, 배추 같은 채소들이 줄 맞춰서 자라고 있었다. 겉보기에는 다른 농장과 똑같아 보였다. 그런데 삼촌이 보여 주신 **태블릿 피시**를 보니, 컴퓨터 게임처럼 **그래프**가 그려져 있었다. 이곳은 컴퓨터 시스템으로 식물이 잘 자라도록 온도와 습도 등을 조절하는 농장이라고 한다. 삼촌이 호스로 물을 주자, 물기를 머금은 깻잎, 고춧잎, 배춧잎이 더 맛있어 보였다.

갓 따 온 채소로 점심을 맛있게 먹고 개울에서 놀았다. 사촌 형이 나뭇잎 배 만드는 법을 가르쳐 주었다. 나는 깻잎과 배춧잎으로 배를 만들었는데 내가 만든 배가 훨씬 빨랐다. 나는 스마트 농장에서 온 잎이라서 튼튼하다고 자랑했다.

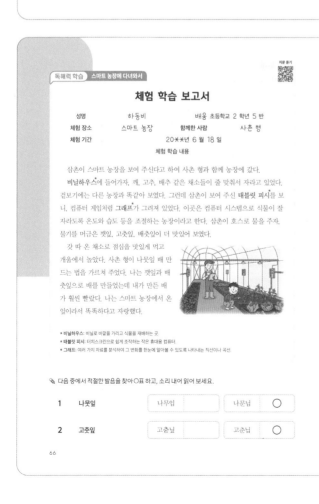

* 비닐하우스: 비닐로 바깥을 가리고 식물을 재배하는 곳
* 태블릿 피시: 터치스크린으로 쉽게 조작하는 작은 휴대용 컴퓨터
* 그래프: 여러 가지 자료를 분석하여 그 변화를 한눈에 알아볼 수 있도록 나타내는 직선이나 곡선

✎ 다음 중에서 적절한 발음을 찾아 ○표 하고, 소리 내어 읽어 보세요.

| 1 | 나뭇잎 | 나무입 | 나문닙 ○ |
| 2 | 고춧잎 | 고춛닙 | 고춘닙 ○ |

66

✎ 읽은 글의 내용을 확인해 보세요.

1 동비는 사촌 형과 어디에 갔는지 빈칸에 알맞은 말을 쓰세요.

→ 삼촌이 일하는 | 스 | 마 | 트 | 농 | 장 | 에 갔어요.

2 이 글에 등장하지 않은 잎을 골라 ○표 하세요.

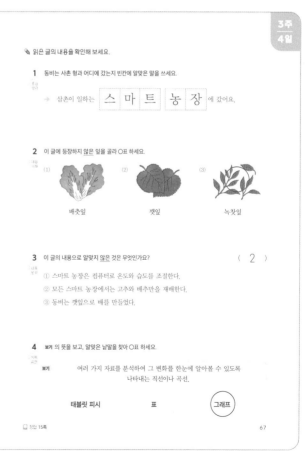

(1) 배춧잎   (2) 깻잎   (3) 녹찻잎

3 이 글의 내용으로 알맞지 않은 것은 무엇인가요?   (2)

① 스마트 농장은 컴퓨터로 온도와 습도를 조절한다.

② 모든 스마트 농장에서는 고추와 배추만을 재배한다.

③ 동비는 깻잎으로 배를 만들었다.

4 보기 의 뜻을 보고, 알맞은 낱말을 찾아 ○표 하세요.

보기   여러 가지 자료를 분석하여 그 변화를 한눈에 알아볼 수 있도록 나타내는 직선이나 곡선.

태블릿 피시   표   (그래프)

정답 15쪽

67

15

5일

과학 맞춤법 동화

내 사랑 벨루가

모양이 맞춤법 소리와 모양이 다른 여러 가지 말 2 **거센소리로 소리 나는 말**

※ 받침 뒤에 'ㄱ, ㄷ, ㅈ'이 오면 ㄱ은 [ㅋ], ㄷ은 [ㅌ], ㅈ은 [ㅊ]으로 소리 나요. '동그랗다'는 [동그라타], '하얗다'는 [하:야타], '좋다'는 [조:타]로 발음해요.

띄어쓰기 학습

✎ 띄어 쓰는 부분을 확인하고, 또박또박 따라 쓰세요.

벨루가는 하얗다는 뜻이다.

| 벨 | 루 | 가 | 는 | ∨ | 하 | 얗 | 다 | 는 | ∨ | 뜻 | 이 | 다 | . |

✎ 문장의 순서에 맞게 빈칸에 알맞은 숫자를 쓰세요.

물속에서	보면	벨루가는	하얗지만	파랗다.
(3)	(4)	(1)	(2)	(5)

68

맞춤법·어휘 학습

✎ 다음 문장에서 알맞은 말을 골라 ○표 하세요.

1 바다와 하늘이 모두 (파랗다) 하얗다 .

2 내 풍선은 (동그랗고) 네모나고 빨간색이다.

✎ 다음 문장에 들어갈 알맞은 말을 골라 ○표 하고, 빈칸에 쓰세요.

1 뿌여타 (뿌옇다) → 안개가 끼어 앞이 | 뿌 | 옇 | 다 |

2 (하얗고) 하야코 → 눈사람이 | 하 | 얗 | 고 | 크다.

✎ 다음 문장에서 밑줄 친 글자에 알맞은 받침을 연결하세요.

1 동생과 나는 사이<u>조</u>게 지내요.

• ㅂ

• ㅎ

• ㅅ

2 나는 밥이 <u>조</u>다!

• ㅎ

📙 정답 16쪽

69

📱 지문 듣기

독해력 학습 내 사랑 벨루가

받아쓰기 시험을 보고 나서 고민이 많아졌다. 선생님이 '파라타'라고 발음해서 그렇게 썼는데 틀려 버렸다. '하야타', '동그라타', '조타'도 마찬가지였다. 시험지에 빨간 비가 내렸다.

토요일에 그 시험지를 들여다보고 있는데 아빠가 **아쿠아리움***에 가자고 하셨다.

"받아쓰기 연습해야 해요."

나는 빨간 줄이 죽죽 그어진 시험지를 숨겼다. 그때 형이 내 시험지를 낚아챘다.

"하하! 너 ㅎ 받침 뒤에서 거센소리 나는 거 몰라?"

휴, 형이 내 자존심을 벅벅 긁었다.

결국 아빠까지 내 시험지를 보고 말았다.

"로운이는 아쿠아리움에 가야겠네! 로운이가 좋아하는 **벨루가***를 보면 이거 다 기억하겠는걸?"

"네? 벨루가가 받아쓰기랑 무슨 상관인데요?"

"파랗다, 하얗다, 동그랗다, 좋다! 이게 다 벨루가 얘기잖니?"

그러고 보니 내가 좋아하는 벨루가는 하얗지만 물속에서 보면 파랗고, 이마는 동그랗다.

"아빠! 아빠 말씀이 맞아요. 어서 제가 좋아하는 하얀 벨루가를 보러 가요!"

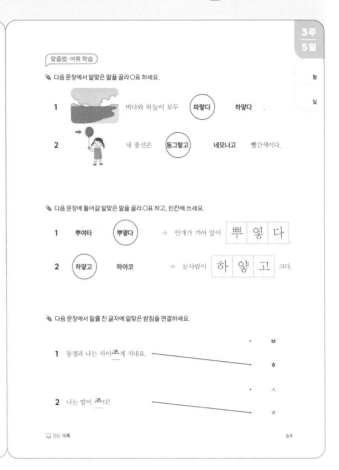

*아쿠아리움: 물속에 사는 동식물을 관찰하고 체험할 수 있도록 대형 수족관을 다양하게 갖추어 놓은 곳.
*벨루가: 흰고래. 알래스카, 캐나다, 그린란드 등 북극해에 살며 고음의 휘파람 소리를 내고 무리 생활을 함.

✎ 다음 중에서 적절한 발음을 찾아 ○표 하고, 소리 내어 읽어 보세요.

1	좋다	조:타 ○	좁다
2	동그랗다	동그라다	동그라타 ○

70

✎ 읽은 글의 내용을 확인해 보세요.

1 이 글에서 로운이가 좋아하는 것으로 알맞은 것에 ○표 하세요.

벨루가	물개	상어
(○)	( )	( )

2 이 글에 나타난 벨루가의 특징이 아닌 것은 무엇인가요? (3)

① 아쿠아리움에 살고 있다.

② 이마는 동그랗다.

③ 몸 색깔은 항상 파랗다.

3 아빠 말씀이 맞다고 생각한 로운이는 어떻게 했을지 알맞은 것에 ○표 하세요.

(1) 아빠와 함께 아쿠아리움에 가서 벨루가를 보았다. (○)

(2) 아쿠아리움에 가지 않고 집에서 받아쓰기 연습을 했다. ( )

4 다음과 같은 뜻의 낱말을 이 글에서 찾아 쓰세요.

물속에 사는 동식물을 관찰하고 체험할 수 있도록
대형 수족관을 다양하게 갖추어 놓은 곳.

| 아 | 쿠 | 아 | 리 | 움 |

📙 정답 16쪽

71

1일

국어 전래 동화

혹부리 영감

🔍 오늘의 맞춤법 잘못 쓰기 쉬운 말 1 윗/웃
'윗-'은 '윗마을'처럼 다른 낱말과 합쳐져 아래, 위의 쌍이 있을 때 써요. '웃-'은 '웃어른'처럼 아래, 위의 쌍이 없을 때 써요. '웃어른'은 [우더른], '윗마을'은 [윈마을]로 발음해요.

띄어쓰기 학습

✏️ 띄어 쓰는 부분을 확인하고, 또박또박 따라 쓰세요.

영감은 처마 아래에 있었어요.

| 영 | 감 | 은 | ∨ | 처 | 마 | ∨ | 아 | 래 | 에 | ∨ | 있 | 었 | 어 | 요 | . |

✏️ 문장의 순서에 맞게 빈칸에 알맞은 숫자를 쓰세요.

영감은	윗마을	났어요.	욕심이	혹부리
(3)	(1)	(5)	(4)	(2)

74

맞춤법·어휘 학습

✏️ 다음 문장에서 알맞은 말을 골라 ○표 하세요.

월
일

1 설날에 **(웃어른)** **윗어른** 께 세배를 해요.

2 인사할 때는 **(아래)** **아랫** 로 공손히 고개를 숙여요.

✏️ 다음 문장의 빈칸에 알맞은 말을 찾아 연결하세요.

1 강아지가 의자 아 　 에 숨었어요. ⤬ 랫

2 우리 이모는 아 　 마을에 살아요. 　 래

✏️ 다음 밑줄 친 부분을 맞춤법에 맞게 고쳐 빈칸에 쓰세요.

1 위에 입는 옷은 <u>위옷</u>이에요. → | 윗 | 옷 |

2 가장 겉에 입는 옷은 <u>웃옷</u>이에요. → | 웃 | 옷 |

독해력 학습 혹부리 영감

지문 듣기

　아랫마을에 마음씨 곱고 노래 잘하는 영감이 살았어요. 목에 주먹만 한 혹이 달랑달랑 달려 있었지만, 사람들은 영감을 좋아했어요.
　하루는 영감이 나무를 하러 산에 갔다가 비를 만났어요. 비를 피해 빈집에 들어간 영감은 **처마** 아래에서 노래를 불렀어요.
　그러자 영감 눈앞에 도깨비들이 우르르 나타났어요.
　"영감! 그 고운 노랫소리는 어디서 나오지?"
　혹부리 영감은 **얼떨결**에 "목에 달린 혹에서 나오지요."라고 했어요.
　도깨비들은 방망이로 뚝딱 영감의 혹을 떼고, **금은보화**를 잔뜩 주었어요.
　이 얘기를 들은 욕심 많은 윗마을 혹부리 영감은 질투가 났어요.
　'내가 더 웃어른인데 나라고 혹을 못 뗄 게 뭐야?'
　윗마을 영감은 빈집에 가서 노래를 부르고 도깨비를 만나자 똑같이 말했어요.
　"내 노랫소리는 이 혹에서 나오지요!"
　도깨비들은 윗마을 영감에게 "거짓말쟁이! 욕심쟁이!" 하며 혹을 하나 더 붙여 주었답니다.

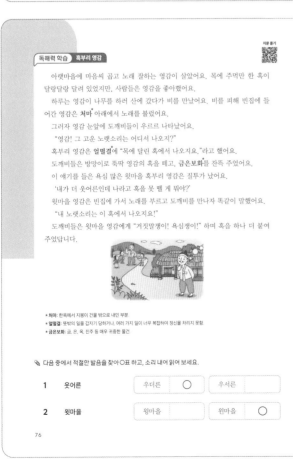

* **처마**: 한옥에서 지붕이 건물 밖으로 내민 부분.
* **얼떨결**: 뜻밖의 일을 갑자기 당하거나, 여러 가지 일이 너무 복잡하여 정신을 차리지 못함.
* **금은보화**: 금, 은, 옥, 진주 등 매우 귀중한 물건.

✏️ 다음 중에서 적절한 발음을 찾아 ○표 하고, 소리 내어 읽어 보세요.

1 웃어른 　 우더른 ○ 　 우서른 □

2 윗마을 　 윗마을 □ 　 윈마을 ○

76

✏️ 읽은 글의 내용을 확인해 보세요.

1 이 글에 나온 인물과 인물의 특징을 알맞게 연결하세요.

윗마을에 사는 혹부리 영감 ⤬ 마음씨가 고와요.

아랫마을에 사는 혹부리 영감 　 욕심이 많아요.

2 아랫마을 혹부리 영감에 대한 설명으로 알맞지 <u>않은</u> 것은 무엇인가요? 　 (1)

① 혹을 때리고 거짓말을 했다가 혹 하나를 더 얻었다.
② 목에 주먹만 한 혹이 달랑달랑 달려 있었다.
③ 노래를 잘하고 마음씨가 고와 사람들이 좋아했다.

3 도깨비들이 윗마을 영감에게 혹을 하나 더 붙여 준 이유로 알맞은 것에 ○표 하세요.

(1) 노랫소리가 혹에서 나오는 것이 아님을 알았기 때문이다. 　 (○)

(2) 노래를 더 잘하려면 여러 개의 혹이 필요하기 때문이다. 　 (　)

4 보기 에서 잘못 쓴 낱말을 바르게 고쳐 쓰세요.

보기 　 도깨비들이 혹부리 영감에게 <u>그믄보화</u>를 잔뜩 주었어요.

| 금 | 은 | 보 | 화 |

2일

국어 논설문

불, 불, 불조심!

반듯이   **반드시**

📌 오늘의 맞춤법 잘못 쓰기 쉬운 말 1 반드시/반듯이, 되-/돼-

'반드시'는 '틀림없이 꼭.'이라는 뜻이고, '반듯이'는 '비뚤어지지 않고 바르게.'라는 뜻이에요. '되-'는 '다른 것으로 바뀌거나 변하다.'라는 뜻이고, '돼-'는 '되어'를 줄인 말이에요.

띄어쓰기 학습

✏️ 띄어 쓰는 부분을 확인하고, 또박또박 따라 쓰세요.

불을 껐는지 반드시 확인해요.

불	을	∨	껐	는	지	∨	반	드	시	∨	확	인	해	요	.

✏️ 문장의 순서에 맞게 빈칸에 알맞은 숫자를 쓰세요.

돼요.	어른과	반드시	함께해야
(4)	(1)	(2)	(3)

78

맞춤법·어휘 학습

✏️ 빈칸에 알맞은 낱말을 보기 에서 찾아 문장을 완성하세요.

보기   반듯이   반드시

1 이불을 덮고 | 반 | 듯 | 이 | 누웠어요.

2 초를 쓰고 나서는 | 반 | 드 | 시 | 불이 꺼졌는지 확인해요.

✏️ 빈칸에 알맞은 회색 글자를 따라 쓰고 문장을 완성하세요.

1 밥이 참 먹음직스럽게 | 되 | 었 | 어 | 요 |

2 가스레인지는 주의해서 사용해야 | 돼 | 요 |

✏️ 자연스러운 문장이 되도록 앞과 뒤를 연결하세요.

1
반드시 ——————————————— 기억해요!
반듯이 •

2
조심해야 • 되요.
          • 돼요.

📘 정답 18쪽

79

독해력 학습 불, 불, 불조심!

지문 듣기

　불은 우리 생활에 꼭 필요해요. 요리할 때, 추울 때 우리는 불을 활용한 도구를 사용하지요. 가정에서 가스레인지나 라이터, 향초 등을 사용할 때 어떻게 조심해야 될까요?
　첫째, 불의 사용은 어린이 혼자서 하지 않고 어른과 반드시 함께해야 돼요.
　둘째, 주변에 종이, 가스용품, 전기용품 등 불 붙기 쉬운 것이 있는지 확인해요.
　셋째, 불을 사용한 후 완전히 껐는지 반드시 확인하고 창문을 열어 환기시켜요.
　불은 조심해서 사용하면 우리 생활에 꼭 필요한 도구가 될 수 있어요.
　학교나 가정에서 '화재'가 나면 어떻게 해야 할까요? '불이야' 하고 소리치면서 선생님이나 부모님 등 어른들에게 알리고, 소방서에 신고해요. 소화기로 불을 신속히 끌 수도 있지만, 어린이들은 그렇게 행동하면 위험할 수 있으니 불이 난 곳에서 멀리 떨어져야 해요. 화재는 우리 집뿐 아니라 이웃에도 위험할 수 있으니 항상 조심해요. 불, 불, 불조심! 잊지 말아요.

＊화재: 불로 인한 재난
＊소화기: 불을 끄는 기구

✏️ 다음 중에서 적절한 발음을 찾아 ○표 하고, 소리 내어 읽어 보세요.

1 되다 　　되다/돼다 (○) 　　대다 ( )

2 반드시 　　반듯이 ( ) 　　반드시 (○)

80

✏️ 읽은 글의 내용을 확인해 보세요.

1 이 글의 내용을 바탕으로 불을 활용하는 도구를 모두 골라 ○표 하세요.

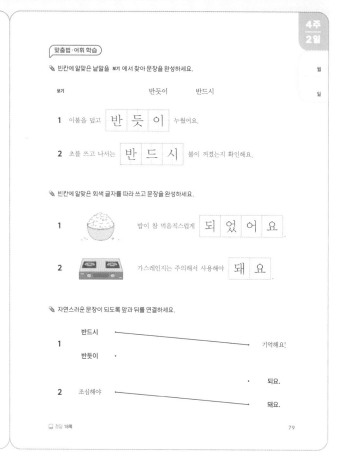

(1) 가스레인지　　(2) 향초　　(3) 선풍기

2 불과 관련된 물건에 대한 설명으로 알맞은 것을 연결하세요.

종이, 가스용품, 전기용품 　　　　불을 끄는 데 사용해요.

소화기 　　　　불이 붙기 쉬워요.

3 화재가 나면 어린이들이 해야 하는 행동은 무엇인가요?　　(3)

① 불이 난 곳에 가까이 가서 불을 끈다.
② 화재에서 사람들을 구해 주는 소방관이 된다.
③ 선생님이나 부모님 등 어른에게 알리고 119에 신고한다.

4 다음 빈칸에 들어갈 알맞은 말에 ○표 하세요.

꺼진 불도 다시 보자, 자나 깨나 | | | |!

개 조심　　　　(불조심)

📘 정답 18쪽

81

4주

일

사회 설명문

광복절의 의미

미리보기

잊다

잃다

오늘의 맞춤법 잘못 쓰기 쉬운 말 1 잊다/잃다, 업다/없다

'잊다'는 기억이 없어졌을 때, '잃다'는 물건이 없어졌을 때 써요. '잊다'는 [읻따], '잃다'는 [일타]로 소리 나요. '업다'는 '사람이나 동물을 등에 붙어 있게 하다.'라는 뜻이고, '없다'는 '사람, 동물, 물건 등이 있지 않다.'라는 뜻이에요.

띄어쓰기 학습

띄어 쓰는 부분을 확인하고, 또박또박 따라 쓰세요.

광복절의 의미, 잊지 말아요.

| 광 | 복 | 절 | 의 | ∨ | 의 | 미 | , | 잊 | 지 | ∨ | 말 | 아 | 요 | . |

문장의 순서에 맞게 빈칸에 알맞은 숫자를 쓰세요.

나라를	의미일까요?	것은	잃는다는	어떤
1	5	3	2	4

82

주
3일

맞춤법·어휘 학습

다음 문장에서 알맞은 말을 골라 ○표 하세요.

월

1 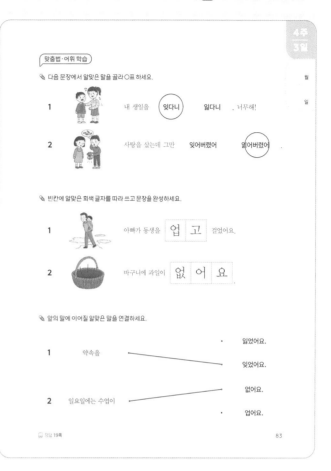 내 생일을 잊다니 (잃다니) , 너무해!

일

2 사탕을 샀는데 그만 잊어버렸어 (잃어버렸어)

빈칸에 알맞은 회색 글자를 따라 쓰고 문장을 완성하세요.

1 아빠가 동생을 | 업 | 고 | 걸었어요.

2 바구니에 과일이 | 없 | 어 | 요 |

앞의 말에 이어질 알맞은 말을 연결하세요.

1 약속을 · · 잃었어요.
· 잊었어요.

2 일요일에는 수업이 · 없어요.
· 업어요.

정답 19쪽

83

독해력 학습 광복절의 의미

나라를 잃는다는 것은 어떤 의미일까요? 나라를 잃으면 학교에서 우리말과 우리 글을 쓰지 못하고, 다른 나라 말로 공부할 수도 있어요. 땅과 농사지는 농작물을 빼앗기고 어른들은 전쟁에 나가게 될 수도 있지요.

1910년 8월 22일, 우리는 이 날 나라를 잃었어요. 내각총리대신 이완용과 일본 통감 테라우치가 **한일병합조약**을 맺어 우리나라가 일본의 **식민지**가 됐어요. 이후 우리나라 사람들은 1945년 8월 15일, 광복 전까지 말할 수 없는 고통을 겪었어요. 안중근, 유관순, 윤봉길, 이봉창 등 우리가 아는 독립운동가 말고도 수많은 사람들이 독립을 위해 목숨을 바쳐 노력했어요.

광복이 이루어져 우리는 우리 땅에서 우리말을 쓰며 우리 이름으로 살고 있어요. 나라를 잃은 식민지 백성이 아니라 우리나라 국민으로 살아가는 것이 얼마나 소중한지 기억해요. 광복절의 의미, 잊지 말아야겠어요.

* **한일병합조약**: 1910년에 우리나라가 일본과 맺은 조약. 대한제국의 통치권을 일본에게 넘겨주고, 합병을 수락한다는 내용.
* **식민지**: 정치적·경제적으로 다른 나라에 속하여 국가로서의 주권을 잃어버린 나라.

다음 중에서 적절한 발음을 찾아 ○표 하고, 소리 내어 읽어 보세요.

1 없는 | 엄:는 | ○ | | 업는 |

2 잃는 | 일른 | ○ | | 이는 |

84

주
3일

읽은 글의 내용을 확인해 보세요.

1 광복절의 의미로 알맞은 것은 무엇인가요? (2)

① 우리나라가 일본의 식민지가 된 것을 기념하는 날이다.
② 일본으로부터 나라를 되찾은 것을 기념하는 날이다.
③ 독립운동가의 생일을 기념하는 날이다.

2 1910년 8월 22일에 우리나라에 벌어진 일로 알맞은 것에 ○표 하세요.

(1) 우리나라가 일본의 식민지가 되었어요. (○)

(2) 우리말과 우리글을 자유롭게 쓰게 되었어요. (   )

3 만약 내가 식민지 백성이 된다면 겪을 수 있는 일이 아닌 것은 무엇인가요? (1)

① 우리 땅에서 자유로운 우리나라 국민으로 산다.
② 학교에서 우리말을 쓰지 못하고 다른 나라 말로 공부한다.
③ 땅과 농사지은 농작물을 빼앗긴다.

4 이 글에서 보기 의 사람들을 뜻하는 낱말을 찾아 빈칸에 쓰세요.

보기   안중근   유관순   윤봉길   이봉창

| 독 | 립 | 운 | 동 | 가 |

정답 19쪽

85

19

4일

과학 설명문

왜 새벽에 안개가 자주 낄까?

미리보기 □ 문방구

걷히다

거치다

😊 오늘의 맞춤법 잘못 쓰기 쉬운 말 1 걷히다/거치다, 닫히다/다치다

'걷히다'와 '거치다'는 모두 [거치다]로 소리 나지만 뜻은 달라요. '걷히다'는 '구름이나 안개가 흩어져 없어지다.', '거치다'는 '도중에 어디를 지나거나 들르다.'라는 뜻이에요. '닫히다'는 '문, 뚜껑 등이 제자리로 가게 되다.'라는 뜻이고, '다치다'는 '몸에 상처가 생기다.'라는 뜻이에요.

띄어쓰기 학습

✏️ 띄어 쓰는 부분을 확인하고, 또박또박 따라 쓰세요.

다칠 수 있으니 조심해요.

다	칠	∨	수	∨	있	으	니	∨	조	심	해	요	.

✏️ 문장의 순서에 맞게 빈칸에 알맞은 숫자를 쓰세요.

기다려요.	안개가	때까지	걷힐
(4)	(1)	(3)	(2)

86

맞춤법·어휘 학습

✏️ 다음 문장에서 맞춤법에 맞는 말을 골라 ○표 하고, 빈칸에 바르게 쓰세요.

월

1 일요일이라 교문이 **다쳐** **(닫혀)** 있었어요. → | 닫 | 혀 |

일

2 자전거를 타다 넘어져서 다리를 **(다쳤)** **닫혔** 어요.

→ | 다 | 쳤 |

✏️ 앞의 말에 이어질 알맞은 말을 연결하세요.

1 먹구름은 곧 ——————————— 걷힐 거예요.

2 가는 길에 약국을 ——————————— 거칠 거예요.

✏️ 빈칸에 알맞은 낱말을 보기 에서 찾아 문장을 완성하세요.

보기   걷히다   거치다   닫히다   다치다

1 바람에 창문이 저절로 | 닫 | 히 | 다 |

2 화장실에 가려고 복도를 | 거 | 치 | 다 |

3 빗길에 미끄러져서 무릎을 | 다 | 치 | 다 |

정답 20쪽

87

독해력 학습 왜 새벽에 안개가 자주 낄까?

지문 듣기

아침 등굣길에 자욱하게 낀 안개를 본 적 있나요? 안개는 새벽이나 이른 아침에 자주 생겨요. 왜 그럴까요?

해가 뜨기 직전에 땅은 차갑게 식어요. 공기 중에 있던 **수증기**가 차가운 땅과 만나면 작은 물방울이 되어 지표면 가까이에 떠 있게 되는데, 이것이 바로 안개예요. 수증기가 풀잎이나 나뭇가지에 물방울이 되어 맺히는 것은 이슬이지요. 공기가 하늘로 올라가면서 점점 차가워지면 수증기가 물방울이나 얼음 결정이 되어 하늘 높이 떠 있게 되는데, 그것이 바로 구름이에요. 안개와 이슬과 구름은 같은 물방울인데 생기는 위치와 물방울의 크기가 서로 다르지요.

이제 새벽에 안개가 끼는 이유를 알았나요? 안개가 끼는 이유는 또 여러 가지가 있는데, 최근에는 미세 먼지나 **황사** 등도 안개가 만들어지는 데 영향을 미치기도 해요. 안개가 끼면 앞이 뿌옇게 보이지 않아요. 다칠 수 있으니 안개가 걷힐 때까지 조심하세요.

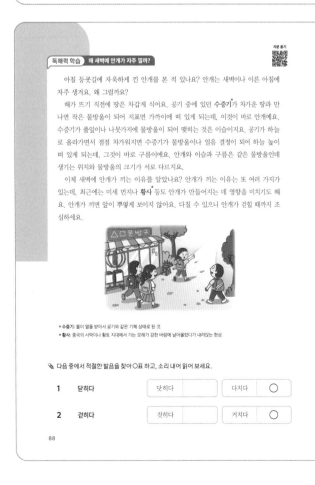

△ □ 문방구

★ **수증기:** 물이 열을 받아서 공기와 같은 기체 상태로 된 것.
★ **황사:** 중국의 사막이나 황토 지대에서 가는 모래가 강한 바람에 날아올랐다가 내려앉는 현상.

✏️ 다음 중에서 적절한 발음을 찾아 ○표 하고, 소리 내어 읽어 보세요.

1	닫히다	닷히다		다치다	○
2	걷히다	것히다		거치다	○

88

✏️ 읽은 글의 내용을 확인해 보세요.

1 이 글은 무엇에 대한 글인지 알맞은 것에 ○표 하세요.

중심생각

여우비	안개	함박눈
( )	(○)	( )

2 안개에 대한 설명으로 알맞지 않은 것은 무엇인가요? (2)

내용이해

① 새벽에 차가워진 땅과 수증기가 만나 작은 물방울이 되어 떠 있다.

② 아침에 풀잎이나 나뭇가지에 송글송글 맺힌다.

③ 미세 먼지나 황사 등도 안개가 만들어지는 데 영향을 미친다.

3 안개와 이슬과 구름의 공통점과 차이점을 알맞게 연결하세요.

내용분석

공통점 ⤬ 생기는 위치와 물방울의 크기

차이점 ⤬ 수증기가 변해서 만들어진 물방울

4 보기 의 뜻을 보고, 다음 문장에 알맞은 낱말을 쓰세요.

어휘표현

보기   물이 열을 받아서 공기와 같은 기체 상태로 된 것.

| 수 | 증 | 기 | 가 뜨거우니 조심하세요.

정답 20쪽

89

20

5일

통합 맞춤법 동화

은혜 갚은 까치

오늘의 맞춤법 잘못 쓰기 쉬운 말 1 빗/빚/빛, 맞다/맞이하다

'빗, 빚, 빛'은 모두 [빋]으로 소리 나지만 뜻이 달라요. '빗'은 머리를 빗는 도구이고, '빚'은 '갚아야 할 돈이나 은혜', '빛'은 '태양이나 불 등에서 밝게 비치는 현상'을 뜻해요. '맞다'는 '쏘거나 던진 물건이 어딘가에 닿다.' 라는 뜻이고, '맞이하다'는 '오는 것을 맞다.'라는 뜻이에요.

띄어쓰기 학습

✎ 띄어 쓰는 부분을 확인하고, 또박또박 따라 쓰세요.

이제 빚을 갚았습니다.

이	제	∨	빚	을	∨	갚	았	습	니	다	.

✎ 문장의 순서에 맞게 빈칸에 알맞은 숫자를 쓰세요.

머리를	긴	빗었다.	빗으로	여인이
(3)	(2)	(5)	(4)	(1)

90

맞춤법·어휘 학습

월
일

✎ 다음 그림에 알맞은 낱말을 골라 ○표 하세요.

1

(빗) (빚)

2

(빚) (빛)

✎ 바르게 쓴 말을 골라 ○표 하고, 빈칸에 쓰세요.

1 까치가 화살에 (맞다) 맡다 .

맞	다

2 새 친구를 반갑게 마지하다 (맞이하다)

맞	이	하	다

✎ 자연스러운 문장이 되도록 앞과 뒤를 연결하세요.

1
빗을 ·
빚을 ·
· 갚아요.

2
주사를 ·
· 맞았다.
· 맞이했다.

독해력 학습 　은혜 갚은 까치

지문 듣기

한 선비가 산길을 걷다가 커다란 구렁이가 **똬리**를 틀고 까치 새끼들을 삼키려는 것을 보았어요. 선비는 얼른 구렁이에게 활을 쏘아 까치 새끼들을 구해 주었어요.

밤이 되어 깜깜해지자 선비는 불 켜진 집에 하룻밤 묵어가기로 했어요. 긴 머리를 빗으로 빗던 어여쁜 여인이 선비를 맞이했어요.

선비는 여인이 차려 준 밥을 먹고 잠이 들었어요. 그런데 갑자기 숨이 막히고 답답해졌어요. 선비가 눈을 떠 보니 구렁이가 온몸을 조이고 있었어요.

"남편의 **원수**! 매일 머리카락을 곱게 ⊙빗으며 네가 오기만을 기다렸다. ⓒ빗이 들기 전 종이 세 번 울리지 않으면 너를 잡아먹겠다."

선비는 구렁이의 말을 듣고 호통쳤어요.

"허허. 빗, 빚, 빛은 소리는 같지만 뜻은 다르다! 머리카락은 빚는 것이 아니라 빗는 것이다. 빗이 아니라 빛이 들기 전이겠지."

그때 종소리가 세 번 울렸어요. 선비는 목숨을 건졌지요. 선비가 종이 있는 곳으로 가 보니 어미 까치가 머리에 피를 흘리고 있었어요.

"이제 빚을 갚았습니다. 선비님."

선비는 은혜를 갚은 까치에게 고마워했어요.

* **똬리**: 둥글게 빙빙 틀어 놓은 모양.
* **원수**: 원한이 맺힐 정도로 자기에게 해를 끼친 사람이나 집단.

✎ 다음 중에서 적절한 발음을 찾아 ○표 하고, 소리 내어 읽어 보세요.

1	빛	[빋] ○	[빈]

2	빗	[삗]	[빋] ○

92

✎ 읽은 글의 내용을 확인해 보세요.

1 어여쁜 여인의 정체로 알맞은 것에 ○표 하세요.

호랑이	까치	구렁이
( )	( )	(○)

2 구렁이가 잘못 말한 ⊙과 ⓒ을 바르게 고친 것은 무엇인가요?　　(3)

① ⊙ 빗으며 　ⓒ 빗이
② ⊙ 빚으며 　ⓒ 빗이
③ ⊙ 빗으며 　ⓒ 빛이

3 이 글의 내용으로 알맞지 않은 것은 무엇인가요?　　(1)

① 구렁이는 남편의 원수를 갚았다.
② 머리를 부딪쳐 종을 울린 것은 어미 까치이다.
③ 어미 까치는 선비에게 은혜를 갚았다.

4 다음 속담의 빈칸에 들어갈 알맞은 낱말에 ○표 하세요.

제비도 ☐ 를 갚는다.

이자	원수	은혜
		(○)

1일

국어 창작 동화

내 동생 뭉치

미리보기

짖다

짓다

🔸오늘의맞춤법 잘못 쓰기 쉬운 말 2 짓다/짖다, 찢다/찧다

'짓다'는 '무엇을 만들다.'라는 뜻이고, '짖다'는 '소리를 내다.'라는 뜻이에요. '짓다'는 [짇따], '짖다'는 [짇따]로 비슷하게 소리나므로 잘 구별해서 써야 해요. '찢다'는 '물건을 잡아당겨 가르다.'라는 뜻이고, '찧다'는 '곡식을 잘게 만들려고 공이로 내리치다.'라는 뜻이에요.

띄어쓰기 학습

✏️ 띄어 쓰는 부분을 확인하고, 또박또박 따라 쓰세요.

아빠를 만나면 멍멍 짖지.

아	빠	를	∨	만	나	면	∨	멍	멍	∨	짖	지	.

✏️ 문장의 순서에 맞게 빈칸에 알맞은 숫자를 쓰세요.

시간에	국어	지었어요.	동시를	나는
(2)	(1)	(5)	(4)	(3)

96

맞춤법·어휘 학습

✏️ 다음 문장에서 알맞은 말을 골라 ○표 하세요.

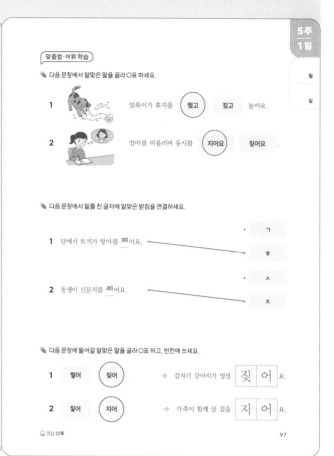

1 얼룩이가 휴지를 (찢고) 짖고 놀아요.

2 엄마를 떠올리며 동시를 (지어요) 짖어요.

✏️ 다음 문장에서 밑줄 친 글자에 알맞은 받침을 연결하세요.

1 달에서 토끼가 방아를 찌어요. ・ ㄱ

・ ㅎ

・ ㅅ

2 동생이 신문지를 찌어요. ・ ㅈ

✏️ 다음 문장에 들어갈 알맞은 말을 골라 ○표 하고, 빈칸에 쓰세요.

1 찢어 (짖어) ➡ 갑자기 강아지가 멍멍 짖 어 요.

2 짖어 (지어) ➡ 가족이 함께 살 집을 지 어 요.

독해력 학습 내 동생 뭉치

자료 듣기

국어 시간에 나는 동시를 지었어요. 무엇을 쓸지 막막했는데 선생님이 '내가 가장 좋아하는 것에 대해서 노래하듯이 써 보라고 하셔서 뭉치 얘기를 썼어요. 그런데 짝꿍이 내가 쓴 동시를 베껴 썼어요. 선생님께 들킨 짝꿍은 화들짝 놀라 공책을 찢었어요. 선생님이 왜 그러냐고 묻자, 짝꿍은 반려견이 없어서 동시를 쓰기 힘들다고 했어요. 짝꿍은 고개를 푹 숙이고 한숨을 쉬었어요. 내일은 짝꿍을 집에 초대해서 우리 뭉치랑 놀게 해 주고, 동시를 지어 보라고 해야겠어요.

우리 집 뭉치

하얀 털 뭉치 우리 집 뭉치
내가 집에 들어가면 뭉실뭉실
하얀 엉덩이를 흔들흔들
아빠를 만나면 멍멍 짖지.

곱슬곱슬 털 뭉치 내 동생 뭉치
산책길을 걸으면 졸랑졸랑*
분홍 혀를 내밀고 살랑살랑
나는 뭉치가 제일 좋지.

★ 반려견: 가족처럼 여기며 키우는 개.
★ 졸랑졸랑: 자꾸 가볍고 경망스럽게 까부는 모양.

✏️ 다음 중에서 적절한 발음을 찾아 ○표 하고, 소리 내어 읽어 보세요.

1	찢다	찓따 ○	찌따
2	짖다	지따	짇따 ○

98

✏️ 읽은 글의 내용을 확인해 보세요.

1 '나는 무엇에 대한 동시를 썼는지 빈칸에 알맞은 말을 쓰세요.

내용 사실 확인

➡ 나는 반려견 뭉 치 에 대한 동시를 썼어요.

2 이 글의 내용으로 알맞지 않은 것은 무엇인가요? (1)

내용 이해

① 선생님이 반려견에 대해 동시를 써 보라고 하셨다.
② 나는 반려견이 있고, 짝꿍은 반려견이 없다.
③ 나는 뭉치에 대한 동시를 지었다.

3 뭉치에 대한 설명으로 알맞은 것은 무엇인가요? (2)

내용 분석

① 털이 갈색이다.
② 아빠를 만나면 멍멍 짖는다.
③ 엄마는 뭉치를 좋아하지 않는다.

4 보기의 뜻을 보고, 다음 문장에 알맞은 낱말을 쓰세요.

어휘 유형

보기   가볍고 경망스럽게 까부는 모양.

옆집 개가 졸 랑 졸 랑 꼬리를 흔들며 따라온다.

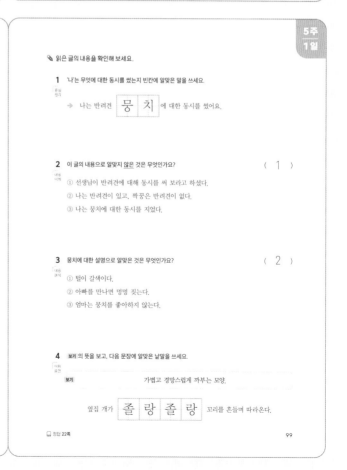

5주

2일

과학 설명문

양궁에 숨은 과학

오늘의 맞춤법 잘못 쓰기 쉬운 말 2 마치다/맞히다/맞추다

'마치다'와 '맞히다'는 모두 [마치다]로 소리 나지만 뜻은 달라요. '마치다'는 '어떤 일이 끝나다.', '맞히다'는 '쏘거나 던져서 닿게 하다.' 또는 '문제에 대한 답을 틀리지 않게 하다.'라는 뜻이에요. '맞추다'는 [맞추다]로 소리 나고, '맞게 붙이다.', '비교해 살피다.'라는 뜻이에요.

띄어쓰기 학습

✏️ 띄어 쓰는 부분을 확인하고, 또박또박 따라 쓰세요.

어떻게 과녁을 맞힐까요?

| 어 | 떻 | 게 | ∨ | 과 | 녁 | 을 | ∨ | 맞 | 힐 | 까 | 요 | ? |

✏️ 문장의 순서에 맞게 빈칸에 알맞은 숫자를 쓰세요.

보세요.	답을	친구와	맞추어
(4)	(2)	(1)	(3)

100

맞춤법·어휘 학습

✏️ 다음 그림에 알맞은 낱말을 골라 ○표 하세요.

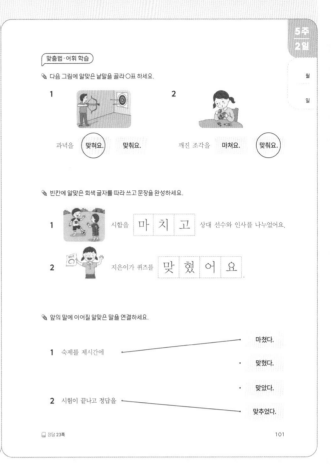

1 과녁을 (맞혀요.) 맞춰요.

2 깨진 조각을 마쳐요. (맞춰요.)

✏️ 빈칸에 알맞은 회색 글자를 따라 쓰고 문장을 완성하세요.

1 시합을 마 치 고 상대 선수와 인사를 나누었어요.

2 지은이가 퀴즈를 맞 혔 어 요

✏️ 앞의 말에 이어질 알맞은 말을 연결하세요.

1 숙제를 제시간에 · · 마쳤다.

· 맞혔다.

· 맞았다.

2 시험이 끝나고 정답을 · · 맞추었다.

독해력 학습 | 양궁에 숨은 과학

지문 듣기

안녕하세요? 〈3분 과학〉 채널의 맹 선생님입니다.

오늘은 양궁 속에 숨은 과학 원리를 알아보기로 해요.

양궁 선수들은 어떻게 화살을 쏘아 멀리 있는 **과녁**을 맞힐까요?

활시위를 팽팽하게 당겨서 화살을 쏘면 화살을 맨손으로 던지는 것보다 활이 빨리 날아가요. 활시위의 이러한 성질을 **탄성**이라고 하는데 용수철이나 고무줄도 탄성이 있어요. 그리고 화살이 과녁까지 똑바로 날아가는 것 같지만 화살에도 지구의 중력이 작용해요. 화살은 **포물선**을 그리며 과녁에 꽂혀요. 그래서 양궁 선수들은 탄성과 중력, 공기의 저항을 이용하여 과녁을 정확하게 맞히는 연습을 해요.

마지막으로 퀴즈를 하나 맞혀 보세요. 활시위, 용수철, 고무줄이 공통으로 지닌 성질은 무엇인가요? 방송을 본 친구들은 맞힐 수 있을 거예요. 친구와 답을 맞추어 보세요.

그럼, 이것으로 3분 과학 시간을 마치겠습니다. 다음 시간에 만나요!

＊과녁: 활이나 총을 쏠 때 표적으로 만들어 놓은 물건
＊활시위: 활대에 걸어서 켕기는 줄. 화살을 여기에 걸어서 잡아당겼다가 놓으면 화살이 날아감.
＊탄성: 물체에 힘을 가하면 모양이 바뀌었다가 본래 모양으로 되돌아가려는 성질
＊포물선: 물체가 반원 모양을 그리며 날아가는 선

✏️ 다음 중에서 적절한 발음을 찾아 ○표 하고, 소리 내어 읽어 보세요.

1 맞추다 [맏추다] ○ [맙추다]

2 맞히다 [마치다] ○ [마히다]

102

✏️ 읽은 글의 내용을 확인해 보세요.

1 양궁과 관련 있는 것을 모두 골라 ○표 하세요.

(1) 용수철 (2) 과녁 (3) 활시위

2 이 글의 내용으로 알맞은 것에 ○표 하세요.

(1) 활시위를 팽팽하게 당겨서 화살을 쏘면 활이 곧장 떨어져요. ( )

(2) 양궁 선수가 쏜 화살은 포물선을 그리며 날아가요. (○)

3 이 글에서 알 수 있는 사실은 무엇인가요? (3)

① 양궁은 올림픽 종목 중 하나이다.

② 우리나라 양궁 선수들은 세계 최고의 실력을 갖고 있다.

③ 활시위, 용수철, 고무줄이 공통으로 지닌 성질은 탄성이다.

4 보기 의 뜻을 보고, 알맞은 낱말을 찾아 ○표 하세요

보기	아무것도 끼거나 감지 않은 손.

(맨손) 양손 두 손

3일

국어 논설문

가족 여행을 떠나요

미리보기

시원한 데로

요리법대로 요리해요

📢 **오늘의 맞춤법** 잘못 쓰기 쉬운 말 2 대로/데로

'대로'는 '앞에 오는 말에 근거하거나 달라짐이 없음.'을 나타내요. '대로'는 장소를 나타내는 말 '데'에 방향을 나타내는 '로'가 붙은 말로 '(어떤) 장소로'라는 뜻이에요.

띄어쓰기 학습

✏️ 띄어 쓰는 부분을 확인하고, 또박또박 따라 쓰세요.

아빠는 요리법대로 요리합니다.

아	빠	는	∨	요	리	법	대	로	∨	요	리	합	니	다	.

✏️ 문장의 순서에 맞게 빈칸에 알맞은 숫자를 쓰세요.

데면	바다가	있는	좋겠습니다.	장소는
(4)	(2)	(3)	(5)	(1)

104

맞춤법·어휘 학습

✏️ 다음 문장에서 빈칸에 들어갈 글자를 골라 ∨표 하세요.

1 설명서 　　로 조립해 보세요.　　→　☐ 데　☑ 대

2 이번 여름에는 시원한 　　로 여행 가요!　→　☑ 데　☐ 대

✏️ 빈칸에 알맞은 낱말을 보기 에서 찾아 문장을 완성하세요.

보기　　대로　　데로

1 지운이는 어두운 | 데 | 로 | 가서 숨었어요.

2 여름 방학 계획 | 대 | 로 | 하고 있어요.

✏️ 자연스러운 문장이 되도록 앞과 뒤를 연결하세요.

1　규칙대로　——————————————　하세요.
　규칙대로　·

2　사는 데가　——————————————　멀어요.
　사는 대가　·

독해력 학습　가족 여행을 떠나요

지문 듣기

여름 방학을 맞이하여 **정중히** 제안을 드립니다.

우리 가족은 그동안 성실하게 지냈습니다. 이제 방학이 되었으니 여행을 떠나면 좋겠습니다.

여행 장소는 바다가 있는 데면 좋겠습니다. 왜냐하면 바다에서 헤엄치는 것은 한여름에만 할 수 있기 때문입니다. 엄마와 할머니는 추위를 많이 타기 때문에 다른 계절에는 바다 수영을 하지 못할 것입니다.

여행에서 먹는 음식은 당번들이 요리하도록 하겠습니다. 할아버지의 김치찌개는 무척 맛있어서 살이 찔 수도 있습니다. 아빠는 요리법대로 요리하고, 저는 설거지를 돕겠습니다.

여행을 갈 때에는 챙겨야 할 준비물이 많습니다. 저는 모기향과 선크림을 챙겨서 가족에게 빌려주겠습니다. 직접 만든 부채도 가져가서 부채질을 해 주겠습니다.

마지막으로 여행 **경비**에 대해서 말씀드리겠습니다. 세뱃돈과 용돈을 모은 삼만 오천 원을 여행비에 보태겠습니다.

오늘부터 여행 준비를 시작해서 다음 주에 다 같이 바다로 여름 여행을 떠나요!

＊정중히: 태도나 분위기가 점잖고 엄숙하게.
＊경비: 어떤 일을 하는 데 드는 비용.

✏️ 다음 중에서 적절한 발음을 찾아 ○표 하고, 소리 내어 읽어 보세요.

1　한여름　|　한녀름　○　|　하녀름　|

2　김치찌개　|　김치찌게　|　김치찌개　○　|

106

✏️ 읽은 글의 내용을 확인해 보세요.

1 빈칸에 알맞은 말을 써서 글쓴이의 제안을 완성하세요.

3단계
읽기

→ | 바 | 다 | 가 있는 데로 | 여 | 행 | 을 떠나면 좋겠습니다.

2 이 글에서 알 수 있는 사실은 무엇인가요?　　　　　(1)

내용
확인

① 글쓴이는 여름 방학에 바다로 여행을 가고 싶어 한다.
② 글쓴이의 아빠는 바다에서 헤엄치는 것을 싫어한다.
③ 글쓴이는 여행 준비를 어른들만 하는 것이라고 생각한다.

3 글쓴이가 세운 여행 계획에 따라 알맞게 연결하세요.

내용
파악

여행 준비물　　　　　　　　바다

여행 음식　　　　　　　　모기향과 선크림

여행 장소　　　　　　　　당번들이 만든 요리

4 다음과 같은 뜻의 낱말을 이 글에서 찾아 쓰세요.

어휘
적용

어떤 일을 하는 데 드는 비용.

| 경 | 비 |

사회 설명문

위대한 세종 대왕

미리
보기

임금으로서 말하노라

훈민정음

세종대왕

우리글로써 소통하게 하라

🔍 **오늘의 맞춤법** 잘못 쓰기 쉬운 말 2 **로서/로써, 비추다/비치다**

'로서'는 자격이나 지위, 신분을 나타내요. '로써'는 수단이나 도구를 나타내거나, '오늘로써' 처럼 어떤 일의 기준이 되는 시간을 말하기도 해요. '비추다'는 '다른 대상에게 빛을 보내어 밝게 하다.'라는 뜻이고, '비치다'는 '빛이 나서 환하게 되다.'라는 뜻이에요.

띄어쓰기 학습

✏️ 띄어 쓰는 부분을 확인하고, 또박또박 따라 쓰세요.

우리글로써 소통하기를 바라다.

| 우 | 리 | 글 | 로 | 써 | ∨ | 소 | 통 | 하 | 기 | 를 | ∨ | 바 | 라 | 다 | . |

✏️ 문장의 순서에 맞게 빈칸에 알맞은 숫자를 쓰세요.

우리를	뜻은	가로등처럼	세종 대왕의	비추어요.
(4)	(2)	(3)	(1)	(5)

108

맞춤법·어휘 학습

✏️ 다음 그림을 보고, 맞춤법에 맞는 문장을 찾아 연결하세요.

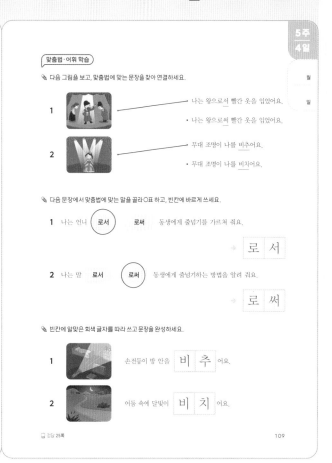

1 • 나는 왕으로서 빨간 옷을 입었어요.

• 나는 왕으로써 빨간 옷을 입었어요.

2 • 무대 조명이 나를 비추어요.

• 무대 조명이 나를 비치어요.

✏️ 다음 문장에서 맞춤법에 맞는 말을 골라 ○표 하고, 빈칸에 바르게 쓰세요.

1 나는 언니 **(로서)** **로써** 동생에게 줄넘기를 가르쳐 줘요.

→ | 로 | 서 |

2 나는 말 **로서** **(로써)** 동생에게 줄넘기하는 방법을 알려 줘요.

→ | 로 | 써 |

✏️ 빈칸에 알맞은 회색 글자를 따라 쓰고 문장을 완성하세요.

1 손전등이 방 안을 | 비 | 추 | 어요.

2 어둠 속에 달빛이 | 비 | 치 | 어요.

📖 정답 25쪽

109

독해력 학습 위대한 세종 대왕

지문 듣기

지구상의 글자 중 가장 아름다운 글자는 우리나라 한글, 훈민정음이에요. 훈민정음은 세종 대왕이 1443년에 만들었어요. 지금으로부터 몇 백 년 전의 일이지요. 그 전에는 어려운 한자로 우리말을 썼어요.

세종 대왕은 한글을 왜 만들었을까요? 세종 대왕은 임금으로서 백성들이 살기 좋은 나라를 만들고자 했어요. 백성들이 우리글로써 서로 쉽게 **소통***하기를 바랐어요. 또 장영실로 하여금 비의 양을 재는 측우기를 비롯하여 해시계, 자격루 등 과학 기구를 발명하게 하여 백성을 돕고자 했어요. 그 밖에도 세종 대왕은 영토 확장에 힘써 북쪽으로 4군 6진*을 개척했지요.

세종 대왕과 한글이 있어서 우리는 책을 읽고 글을 쓰고 문화를 꽃피울 수 있어요. 세종 대왕이 돌아가신 지 500년도 넘었지만, 백성들을 아끼는 세종 대왕의 깊은 뜻은 밤길을 비추는 가로등처럼 지금도 우리를 비추고 있어요.

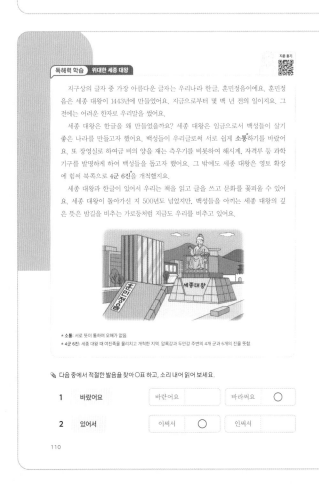

훈민정음

세종대왕

* 소통: 서로 뜻이 통하여 오해가 없음

* 4군 6진: 세종 대왕 때 여진족을 물리치고 개척한 지역. 압록강과 두만강 주변의 4개 군과 6개의 진을 뜻함

✏️ 다음 중에서 적절한 발음을 찾아 ○표 하고, 소리 내어 읽어 보세요.

| 1 | 바랐어요 | 바란어요 | 바라써요 ○ |
| 2 | 있어서 | 이써서 ○ | 인써서 |

110

✏️ 읽은 글의 내용을 확인해 보세요.

1 세종 대왕 시절에 만들어진 과학 기구로 알맞은 것에 ○표 하세요.

측우기	가로등	전화기
(○)	( )	( )

2 세종 대왕이 훈민정음을 만든 이유가 아닌 것은 무엇인가요? (2)

① 백성들이 살기 좋은 나라를 만들고자 했기 때문이다.

② 백성들이 한자로 소통하고 과학 공부하는 것이 바람직하기 때문이다.

③ 백성들이 우리글로써 서로 쉽게 소통하는 데 도움이 되고자 했기 때문이다.

3 이 글의 내용으로 알맞은 것에 ○표 하세요.

(1) 한글이 있기 전에는 어려운 한자로 우리말을 썼어요. (○)

(2) 세종 대왕이 돌아가신 지 100년이 되었어요. ( )

4 보기 에서 잘못 쓴 낱말을 바르게 고쳐 쓰세요.

보기 홈민정음은 세종 대왕이 1443년에 만들었어요.

| 훈 | 민 | 정 | 음 |

📖 정답 25쪽

111

5일

국어 맞춤법 동화

슈 로봇 박사와 똑똑이 로봇 조수

(미리보기)

붙이다 / **부치다**

🔊 오늘의 맞춤법 잘못 쓰기 쉬운 말 2 **붙이다/부치다, 갖다/같다**

'붙이다'와 '부치다'는 모두 [부치다]로 소리 나지만 뜻은 달라요. '붙이다'는 '맞닿아 떨어지지 않게 하다.', '부치다'는 '편지나 물건 등을 상대에게 보내다.'라는 뜻이에요. '갖다'는 '서로 다르지 않고 하나이다.'라는 뜻이고, '갖다'는 '손이나 몸에 있게 하다.'라는 뜻이에요.

띄어쓰기 학습

✏️ 띄어 쓰는 부분을 확인하고, 또박또박 따라 쓰세요.

로봇을 택배로 부치고 오다.

로	봇	을	∨	택	배	로	∨	부	치	고	∨	오	다	.

✏️ 문장의 순서에 맞게 빈칸에 알맞은 숫자를 쓰세요.

붙인	뜯었어요.	풀로	딱	봉투를
(3)	(5)	(1)	(2)	(4)

112

맞춤법·어휘 학습

✏️ 빈칸에 알맞은 회색 글자를 따라 쓰고 문장을 완성하세요.

1 할머니께 택배를 **부 쳤 어 요** .

2 상처에 반창고를 **붙 였 어 요** .

✏️ 다음 문장에서 알맞은 말을 골라 ○표 하세요.

1 이준이와 나는 학교도 나이도 (갖지요) 갖지요

2 연우에게 방학에 편지를 붙여요 (부쳐요)

✏️ 다음 문장에서 밑줄 친 글자에 알맞은 받침을 연결하세요.

1 양말 두 짝은 모양이 <u>가</u>아요. ——————— ㅌ

· ㅆ

· ㅅ

2 소라가 장난감을 <u>가</u>고 놀아요. ——————— ㅈ

📘 정답 26쪽

113

독해력 학습 슈 로봇 박사와 똑똑이 로봇 조수

슈 로봇 박사는 어린이들이 보내는 편지를 읽고 로봇을 만들어 주어요.

"오늘은 어떤 주문일까?"

슈 로봇 박사는 풀로 딱 붙인 봉투를 뜯고 편지를 꺼냈어요.

"세상에서 가장 예쁜 강아지 로봇을 만들어 주세요!"

슈 로봇 박사는 한참 **고심하다**＊ 강아지 로봇을 만들기 시작했어요. 몸에는 복슬복슬 털을, 발바닥에는 말랑말랑 젤리를, 눈에는 반짝반짝 까만 구슬을 붙였어요.

강아지 로봇을 완성한 슈 로봇 박사가 똑똑이 로봇에게 명령을 **입력**했어요.

"똑똑이 로봇! 반짝이는 구슬을 부친 로봇을 **택배**＊로 붙이고 와라."

그러자 똑똑이 로봇이 말했어요.

"박사님, 그럴 수는 없습니다. 똑똑!"

슈 로봇 박사는 깜짝 놀랐어요. 똑똑이 로봇은 한 번도 박사의 명령을 거부한 적이 없었거든요.

"아니, 왜? 왜 그럴 수가 없다는 말이냐?"

"구슬은 붙이는 게 맞고요, 택배는 부치는 거거든요."

"응? 내 귀에는 다 똑같이 들리는데?"

"아닙니다. 똑똑이 로봇은 구슬을 붙인 로봇을 택배로 부치고 오겠습니다!"

박사는 그제서야 안심이 되었답니다.

"그래! 똑똑이 로봇, 넌 정말 똑똑한 조수로구나."

＊ 고심하다: 몹시 애를 태우며 마음을 쓰다.
＊ 택배: 짐이나 물건을 요구하는 장소까지 대신 배달해 주는 일.
＊ 입력하다: 문자나 숫자를 컴퓨터가 기억하게 하다.

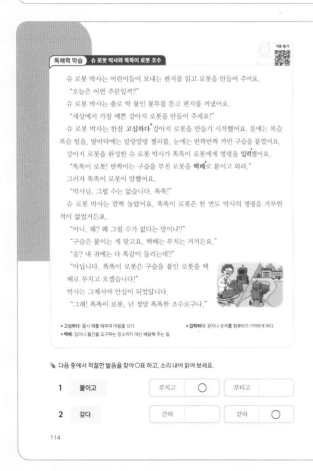

✏️ 다음 중에서 적절한 발음을 찾아 ○표 하고, 소리 내어 읽어 보세요.

1	붙이고	부치고 ○	부티고
2	갖다	갇따	갇따 ○

114

✏️ 읽은 글의 내용을 확인해 보세요.

1 슈 로봇 박사가 받은 주문으로 알맞은 것에 ○표 하세요.

세상에서 가장 맛있는 사탕	세상에서 가장 큰 인형	세상에서 가장 예쁜 강아지 로봇
( )		(○)

2 강아지 로봇에 대한 설명으로 알맞은 것끼리 연결하세요.

몸 ——————— 복슬복슬 털을 붙였어요.

눈 ⤬ 말랑말랑 젤리를 붙였어요.

발바닥 반짝반짝 까만 구슬을 붙였어요.

3 똑똑이 로봇이 박사의 심부름을 할 수 없다고 한 까닭은 무엇인가요? (3)

① 세상에서 가장 예쁜 로봇은 만들 수 없기 때문이다.

② 슈 로봇 박사가 우체국의 위치를 알려 주지 않았기 때문이다.

③ 슈 로봇 박사가 '붙이다'와 '부치다'를 헷갈려 잘못 입력했기 때문이다.

4 보기 의 뜻을 보고, 알맞은 낱말을 찾아 ○표 하세요.

보기 짐이나 물건을 요구하는 장소까지 대신 배달해 주는 일.

(택배) 선물 주문

📘 정답 26쪽

115

1주 복습

본책 28쪽

공통으로 들어갈 받침을 찾아라!

✎ 빈칸에 공통으로 들어갈 받침을 보기 에서 찾아 글자를 완성하세요.

보기

ㄵ ㄶ ㄼ ㄾ ㅀ ㅄ

- 공원에 사람들이 마[ㄶ] 아 요.
- 날씨도 괜 차[ㄶ] 고. 기분도 좋아요.

- 삼촌이 낙엽을 바[ㄼ] 아 요.
- 삼촌은 스물 여 더[ㄼ] 살이에요.

- 가[ㅄ] 이 얼마예요?
- 지금은 돈이 어[ㅄ] 네 요.

28

정답 27쪽

2주 복습

본책 50쪽

모아 모아 낱말을 완성하자!

✎ 낱말의 뜻을 잘 읽고, 자음자와 모음자를 모아 □ 안에 알맞은 답을 쓰세요.

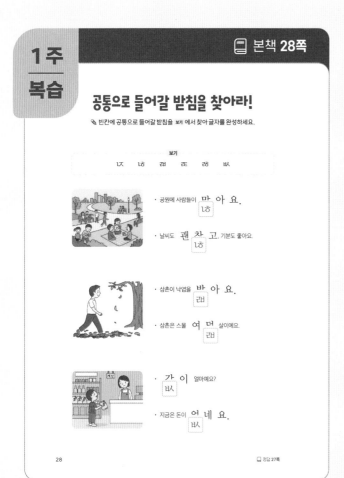

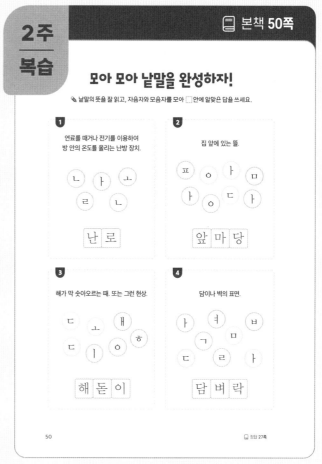

1 연료를 때거나 전기를 이용하여 방 안의 온도를 올리는 난방 장치.

ㄴ ㅏ ㅗ ㄹ ㄴ

난 로

2 집 앞에 있는 뜰.

ㅍ ㅇ ㅏ ㅁ ㅏ ㅇ ㄷ ㅏ

앞 마 당

3 해가 막 솟아오르는 때. 또는 그런 현상.

ㄷ ㅗ ㅐ ㄷ ㅣ ㅇ ㅎ

해 돋 이

4 담이나 벽의 표면.

ㅏ ㅕ ㅂ ㄱ ㅁ ㄷ ㄹ ㅏ

담 벼 락

50

정답 27쪽

3주 복습

본책 72쪽

수수께끼 낱말 퍼즐을 맞혀라!

✎ 수수께끼를 읽고 알맞은 답을 글자판에서 찾아 ○로 묶으세요.

Tip 가로 또는 세로로 이어지는 낱말을 찾을 수 있어요.

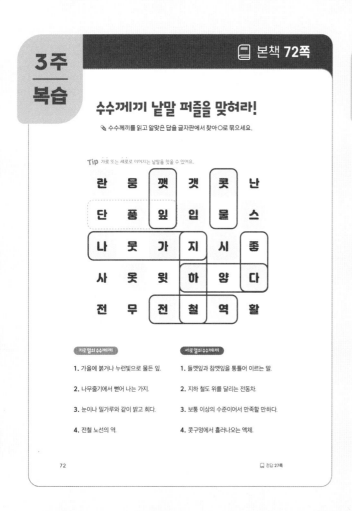

란	뭉	깻	갯	콧	난
단	풍	잎	입	물	스
나	뭇	가	지	시	종
사	못	윗	하	양	다
전	무	전	철	역	활

가로 열쇠 수수께끼

1. 가을에 붉거나 누런빛으로 물든 잎.
2. 나무줄기에서 뻗어 나는 가지.
3. 눈이나 밀가루와 같이 밝고 희다.
4. 전철 노선의 역.

세로 열쇠 수수께끼

1. 들깻잎과 참깻잎을 통틀어 이르는 말.
2. 지하 철도 위를 달리는 전동차.
3. 보통 이상의 수준이어서 만족할 만하다.
4. 콧구멍에서 흘러나오는 액체.

72

정답 27쪽

4주 복습

본책 94쪽

모아 모아 낱말을 완성하자!

✎ 낱말의 뜻을 잘 읽고, 자음자와 모음자를 모아 □ 안에 알맞은 답을 쓰세요.

1 나이, 지위, 신분 등이 자기보다 높은 어른.

ㄹ ㄴ ㅇ ㅓ ㅅ ㅇ ㅡ ㅜ

웃 어 른

2 틀림없이 꼭.

ㅡ ㅣ ㅂ ㄴ ㅅ ㄷ ㅏ

반 드 시

3 구름이나 안개 따위가 흩어져 없어지다.

ㄱ ㅏ ㄷ ㅎ ㄷ ㅓ ㅣ

걷 히 다

4 가졌던 물건이 자신도 모르게 없어져 그것을 갖지 않게 되다.

ㅇ ㅣ ㄷ ㅏ ㅀ

잃 다

94

정답 27쪽

왔다 갔다 사다리를 타자!

✏️ 다음 낱말의 뜻에 해당하는 번호를 사다리를 따라 도착한 □에 쓰세요.

부치다　짓다　비추다　찌개　같다

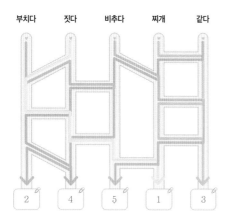

2　4　5　1　3

1. 시, 소설, 편지, 노래 가사 같은 글을 쓰다.

2. 편지나 물건 등을 상대에게 보내다.

3. 냄비에 담긴 국물에 채소 등을 넣고 갖은양념을 하여 끓인 반찬.

4. 서로 다르지 않고 하나이다.

5. 빛을 내는 대상이 다른 대상에 빛을 보내어 밝게 하다.

📱 정답 **28쪽**

초등 공부 시작부터 끝까지!

맞춤법 + 어휘 + 독해

정답

메가스터디BOOKS

내용 문의 02-6984-6928,31 | 구입 문의 02-6984-6868,9 | www.megastudybooks.com

우리 아이가 먼저 찾으니까, 매일 풀고 싶어 하니까

초등 독해 시작은
1일 1독해

하루 15분, 매일 키우는 공부 습관 **1일 1독해** 시리즈

+

하루 15분
지문 한쪽 문제 한쪽

+

초등 교과와 연계한
다양한 주제

+

어휘와 독해 실력
동시 향상

메가스터디 BOOKS